国家社科基金重点项目
"区域重特大自然灾害社会风险演化机理"（12AZD109）资助出版

Social Risk Evolving Mechanism and Its
Coping Strategy for Regional Major Natural Disasters

区域重大自然灾害社会风险
演化机理及应对策略

徐选华 著

中国社会科学出版社

图书在版编目（CIP）数据

区域重大自然灾害社会风险演化机理及应对策略/徐选华
著．—北京：中国社会科学出版社，2016.8

ISBN 978 - 7 - 5161 - 8466 - 0

Ⅰ.①区…　Ⅱ.①徐…　Ⅲ.①自然灾害—社会管理—风险
管理—研究　Ⅳ.①C916

中国版本图书馆 CIP 数据核字（2016）第 146149 号

出 版 人	赵剑英	
责任编辑	侯苗苗	
特约编辑	明　秀	
责任校对	周晓东	
责任印制	王　超	

出　　版	中国社会科学出版社	
社　　址	北京鼓楼西大街甲 158 号	
邮　　编	100720	
网　　址	http：//www.csspw.cn	
发 行 部	010 - 84083685	
门 市 部	010 - 84029450	
经　　销	新华书店及其他书店	

印　　刷	北京金瀑印刷有限责任公司	
装　　订	廊坊市广阳区广增装订厂	
版　　次	2016 年 8 月第 1 版	
印　　次	2016 年 8 月第 1 次印刷	

开　　本	710×1000　1/16	
印　　张	11	
插　　页	2	
字　　数	149 千字	
定　　价	45.00 元	

前　言

　　近年来我国重大自然灾害的发生呈显著上升趋势，自然灾害种类明显增多，自然灾害发生频率明显增高，涉及范围明显扩大，灾害及其影响的复杂性和应对难度显著加大，给国家经济和人民生命财产造成重大损失，同时也给我国造成了严重的社会问题。重大自然灾害（如极端气象灾害、重大洪涝灾害、重大地震灾害等）是由于自然异常变化造成的人员伤亡、财产损失、资源破坏、社会失稳等现象或一系列事件。

　　重大自然灾害对社会将造成显性风险和隐性风险，典型的如社会心理风险、社会舆情风险、社会稳定风险等，这些社会风险随着环境和时间的变化将发生演变、相互作用和相互影响。探索社会风险的结构及其演化机理、提出科学适用的应对策略和措施、为政府和管理部门提供管理和决策支持是本书研究的目的。

　　本书针对上述需求和问题，重点以区域极端气象灾害、农村重大洪涝灾害、重大地震灾害等重大自然灾害为例，系统地分析了区域重大自然灾害社会风险特点，总结并提出了重大自然灾害社会风险定义，在此基础上重点研究了社会心理风险、社会舆情风险与社会稳定风险的演化机理和应对策略，以及社会脆弱性风险评价与应对策略等。具体研究工作如下。

　　（1）进行了重大自然灾害社会风险识别研究，提出了重大自然灾害社会风险定义和分类。通过极端气象灾害、农村重大洪涝灾害和重大地震灾害等社会风险演化的系统研究，总结并识别了重大自然灾害社会风险关联因素，提出了社会风险定义：重大自然灾害导致受灾个体损失和需求短缺，触发受灾个体心理失衡，引起个体行为异常，在社会舆情的推动下进一步升级为社会冲突，从而导致社会危机爆发、危及社会稳定、加剧社会动荡的可能性。因此，重大自然灾害社会风险主要分为社会心理风险、社会舆情风险与社会稳定风险三大类。

（2）研究了社会心理风险演化机理，提出了社会心理风险应对策略。以湖南省怀化地区极端气象灾害为例，通过改进 ISR 压力模型识别极端气象灾害社会心理风险源、风险影响因素及其表现形式；利用灾情调研资料对社会风险影响因素进行实证研究，利用实证结果提出社会心理风险应对策略；基于风险扩散理论提出极端气象灾害社会心理风险放大框架模型，进一步提出了社会心理风险四条扩散路径，在此基础上划分了社会心理风险演化的四个阶段，并利用 ISR 传染模型研究了社会心理风险扩散演化机理，并进行仿真模拟；利用上述结果提出了社会心理风险应对策略。

（3）研究了社会舆情风险演化机理，提出了社会舆情风险应对策略。以云南省昭通市鲁甸县重大地震灾害为例，划分了社会舆情风险演化阶段及各个阶段的特征，针对地震灾害特点改进现有的BASS 模型，得到新的社会舆情风险信息扩散模型，在此基础上分别对风险信息感知者总人数的阶段演化趋势、官方渠道和自由渠道两类风险信息偏好者人数的阶段演化趋势进行了模拟和分析。利用上述模拟结果提出了社会舆情风险应对策略。

（4）研究了社会稳定风险演化机理，提出了社会稳定风险应对策略。以四川省雅安市和湖南省怀化地区农村重大洪涝灾害为例，划分了重大洪涝灾害生命周期，通过实地调研和相关文献分析，识别并确定了重大自然灾害各个阶段的社会稳定风险关联因素体系及其相互之间的关联关系拓扑结构，改进了复杂网络紧密度指标模型，利用该模型对重大洪涝灾害社会稳定风险演化进行了分析，利用上述模拟结果提出了社会稳定风险应对策略。另外，改进了流介数指标模型，对重大洪涝灾害社会稳定风险进行了评价，为重大自然灾害社会稳定风险应对与管理提供依据。

（5）研究了社会脆弱性风险评价问题，以四川省重大地震灾害为例，首先构建了四川省地震灾害社会脆弱性评价指标体系；其次采用粗糙集属性约简方法对指标体系进行约简，并获得约简后的社会脆弱性评价指标体系；再次利用突变级数法对社会脆弱性风险进行综合评价，克服了社会脆弱性评估中指标主观赋权的局限；最后通过对四川省各个地区的社会脆弱性指标值进行分析，提出了社会脆弱性风险应对策略。

本书部分研究在国际知名期刊"Natural Hazards"（SCI 和 SS-CI）、"Human and Ecological Risk Assessment"（SCI）和国内专业期刊《灾害学》（CSCD）和《环境科学与管理》（CSCD）等发表了系列论文，产生了良好的社会影响。

本书主要内容由 8 个部分组成，具体如下：第一章为导论，系统地分析了我国重大自然灾害社会风险现状分析，针对我国重大自然灾害社会风险环境的新问题和新需求，提出了研究内容逻辑体系框架、研究思路与研究方法；第二章为理论基础，提出了重大自然灾害社会风险演化机理分析依托的理论和方法，主要包括风险社会放大理论、风险信息扩散理论、社会资本治理理论、复杂社会网络理论、ISR 压力模型等；第三章为重大自然灾害社会风险研究总述，总结提出了重大自然灾害社会风险概念、定义和分类，提出了社会风险演化一般过程和应对社会风险的一般策略；第四章为社会心理风险演化机理及应对策略；第五章为社会舆情风险演化机理及应对策略；第六章为社会稳定风险演化机理及应对策略；第七章为社会脆弱性风险评价应用及应对策略；第八章为结论与展望。研究生洪享、王春红、薛敏、蔡晨光、张威威、钟香玉等参与了本书的研究和材料撰写工作，其中研究生洪享参与了本书内容的整理工作。

本研究成果是在国家社会科学基金重点项目"区域重特大自然灾害社会风险演化机理"（12AZD109）资助下，著者研究团队多年来研究重大自然灾害社会风险研究成果的总结，是集体智慧的结晶，希望本书的出版有助于进一步促进不同领域的风险分析与管理理论及方法研究，有助于风险分析方法在实际应用中不断深化与发展。本书同时得到了湖南省应急管理办公室、湖南省气象局、湖南省怀化地区及其下属县乡村灾情民众和政府、云南省昭通市鲁甸县地震灾区民众和应急管理部门、四川省雅安市灾区民众等密切配合和支持，得到了中南大学商学院领导和专家的大力指导、帮助和支持，在此表示诚挚的感谢！由于著者学识水平和时间限制，书中缺点错误在所难免，希望读者批评指正。

徐选华

2016 年 3 月

于中南大学

目　录

第一章 导论

本书在我国重大自然灾害频繁发生的背景下，系统地分析了重大自然灾害社会风险特点，在此基础上提出了重大自然灾害社会风险的概念和定义；针对重大自然灾害社会心理风险，研究了重大自然灾害社会心理风险演化机理并提出了应对策略；针对重大自然灾害社会舆情风险，研究了社会舆情风险演化机理并提出了应对策略；针对重大自然灾害社会稳定风险，研究了社会稳定风险演化机理并提出了应对策略；针对社会脆弱性风险评估问题，提出了基于改进突变级数法的社会脆弱性风险评估方法并进行了应用。为防范重大自然灾害社会风险提供参考和借鉴。

第一节 我国重大自然灾害社会风险现状分析

我国是一个灾害频发的国家，近年来在国民经济快速增长的同时，自然灾害导致的各种损失和风险也逐渐增加，自然灾害种类明显增多，自然灾害发生频率明显增高，涉及范围明显扩大，灾害及其影响的复杂性和应对难度显著加大，给人民生命财产造成重大损失，给我国造成了严重的社会问题。仅2009—2011年我国各类自然灾害共造成约 13.5 亿人次受灾，直接经济损失高达 10973.9 亿元（其中 2009 年约 4.8 亿人次受灾，经济损失 2523.7 亿元；2010 年约 4.3 亿人次受灾，经济损失 5339.9 亿元；2011 年约 4.4 亿人次受灾，经济损失 3110.3 亿元）。2012 年以来我国各类重大灾害更是呈现快速增长态势，据民政部统计，2012 年上半年全国各类自然灾害共造成 11336.1 万人次受灾，直接经济损失达 773.8 亿元。2014年全国各类自然灾害共造成全国 24353.7 万人次受灾，1583 人死亡，235 人失踪，直接经济损失 3373.8 亿元。2015 年各类自然灾害共造成全国 18620.3 万人次受灾，819 人死亡，148 人失踪，644.4万人次紧急转移安置，181.7 万人次需紧急生活救助；24.8 万间房屋倒塌，250.5 万间房屋不同程度损坏；农作物受灾面积 21769.8千公顷，其中绝收 2232.7 千公顷；直接经济损失 2704.1 亿元。

根据国际灾难数据库（EM - DAT）对我国 20 年来重大自然灾害的受灾人数与损失情况统计，可以发现我国自然灾害发生频率明显增高，受灾人数与损失也呈现明显上升趋势，如图 1 - 1 所示。据民政部统计，我国 2014 年各类自然灾害共造成 24353.7 万人次受灾，1583 人死亡，601.7 万紧急转移安置，直接经济损失高达3373.8 亿元，其中约 80% 的损失和人口转移是由台风、洪涝、干旱等极端气象灾害造成的，如图 1 - 2 所示。世界卫生组织调查显示，重大自然灾害发生后有 20%—40% 的灾民有轻度心理失调，30%—50% 的灾民有中度至重度心理失调，需要有效心理干预才能缓解。

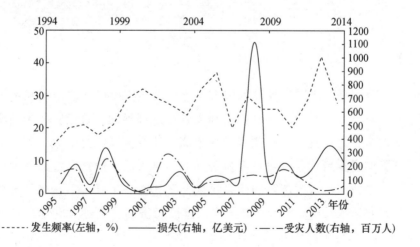

图 1 - 1　20 年来我国自然灾害的受灾人数、发生频率和损失统计

资料来源：国际灾难数据库（EM - DAT）（http：//www. emdat. be/database）。

灾后一年仍有 20% 的灾民患有严重心理疾病，需要长期心理干预和社会支持。这些社会心理行为风险不仅给受灾群众本人及其家庭带来了痛苦，同时也会增加救援和临时安置的难度，如果得不到及时有效的缓解而被逐渐累积，很容易外化为违法行为，甚至演化为群体性事件，降低社会的稳定性和安全性。

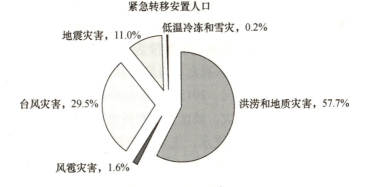

图 1 - 2　2014 年我国各类自然灾害导致直接经济损失、紧急转移安置人口分布

资料来源：民政部国家减灾委办公室（http://www.mca.gov.cn/article/zrzh/201412/index.htm#）。

近年来多处发生严重地震灾害：2008 年 5 月四川省汶川县发生里氏 8.0 级地震，造成 6.9 万人遇难，逾 37 万人受伤；2010 年 4

险和隐性风险，直接影响到社会稳定和发展。本书总体框架如图 1-3 所示。

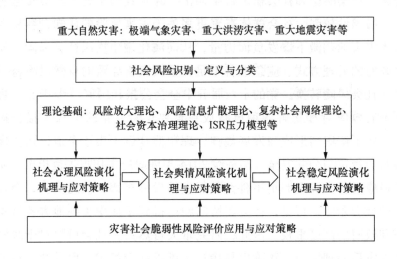

图 1-3　研究内容总体框架

本书围绕重大自然灾害社会风险演化这条主线，对以下内容进行了分析和研究。

（1）深入探索重大自然灾害社会风险体系结构，掌握社会风险分布和危害情况，提出重大自然灾害社会风险定义。

（2）研究社会心理风险演化机理，提出社会心理风险应对策略。

（3）研究社会舆情风险演化机理，提出社会舆情风险应对策略。

（4）研究社会稳定风险演化机理，提出社会稳定风险应对策略。

（5）对重大洪涝灾害社会稳定风险进行了评价，为重大自然灾害社会稳定风险管理提供依据。

（6）对重大自然灾害社会脆弱性风险进行评价，为政府救灾应急管理及救援对策的实施提供参考依据。

第三节　研究思路与方法

一　总体研究思路

本书在整体上遵循"从社会实际需求中提出问题—分析问题—解决问题"的逻辑思路，基于重大自然灾害社会影响视角，将文献和实际重大灾害案例分析、模拟、机制和应对策略研究等有机结合。在灾害案例分析的基础上进行社会风险演化机理和应对策略研究，利用模拟实验检验结果的适用性和可行性，在研究的过程中始终利用其他学科的最新发展成果并应用到本书中来，探寻最新且适用的重大自然灾害社会风险结构及其演化机理，提出相应的应对策略，为政府和社会管理部门提供管理和决策支持。

二　研究方法

本书所涉及问题具有高度的复杂性，且有多学科融合交叉的特点，故将综合采用多种研究方法与分析技术，重点突出以下几类方法的集成。

1. 文献研究与理论归纳

通过网络、学术期刊和学术访问等各种方式查阅和收集最新资料，梳理国内外自然灾害风险管理理论研究和实践成果，融合灾害学、社会学、管理学等相关理论与最新成果，依据重大自然灾害社会风险演化与应对互动影响规律，以及两者技术性分析与耦合机制分析的统一，构筑重大自然灾害社会风险演化机理与应对策略体系。

通过网络从电子期刊等数据库中查阅和收集资料，保证资料的真实性而且操作简单，资料的查找是通过与研究主题密切相关的关键词进行的，因此所获资料完全能够保证与项目有很强的关联性，因此结果的适用性也很高。

2. 案例研究与实地调研

重点考虑湖南、四川、云南等区域极端气象、地震和洪涝灾害，针对这些在国内极具重大自然灾害特征的重点地区进行案例调研，根据问题需求事先设计调查问卷和访谈提纲，进行实地调研，获取对社会各个方面的影响因素、影响阶段、产生的风险要素、风险可能的演变形式相关资料，加以分类汇总，形成研究的基础数据资料库。并用实证方法检验调研结果的现实可靠性，对风险演化过程进行仿真，对演化结果进行评价，从而得出应对策略。

3. 定性分析与定量模拟

根据文献和调研资料对灾害社会风险相关变量进行定性描述，再结合调研结果构建分析与评价模型和方法，利用信息技术进行模拟计算和分析，检验和修正上述定性研究结果。两者互为补充，反复进行，获得切合实际的结果。

定性研究与定量模拟研究的结果往往存在误差，源于这两种方法本身的差异，定性研究与定量模拟研究相结合是系统科学的思想和方法，二者的结合是研究结果有效性和适用性的保证，从上述二者的实施过程来看，两种方法及其结合的可操作性很强。

第四节　本章小结

本章首先对我国重大自然灾害社会风险研究现状进行了系统的分析，针对我国重大自然灾害社会风险环境的新问题和新需求，提出了本书研究内容逻辑体系框架，给出了研究思路与研究方法。

本书研究的重大自然灾害社会风险演化机理和提出的应对策略，对于完善我国社会风险管理理论和决策科学的内涵、扩大风险管理理论与方法在重大自然灾害社会影响中的应用范围、丰富管理科学与工程学科内涵等具有重要的学术价值。另外，本书涉及灾害学、社会学、风险管理和决策科学等多个学科，因此本书对于促进这些学科融合与集成、产生新兴分支学科具有重大学术价值。同时，对于了解和掌握极端气象灾害、重大洪涝灾害、重大地震灾害等重大自然灾害对社会造成的风险信息、社会风险分布及其危害，减轻重大自然灾害对我国社会造成后续损失和最大限度地消除社会发展失稳影响的风险，大幅度提高我国应对重大自然灾害社会风险的科学性、实用性和可行性，重点提高我国重大自然灾害社会风险防范和应对水平，促进我国社会和谐和科学发展具有重要的应用价值。

第二章　理论基础

第一节　风险放大理论

　　传统风险分析中最复杂的问题是一些被技术专家评估为较小物理结果的风险事件却往往会引发强烈的社会关注，并对社会与经济产生深远影响；而被技术专家评估为较大的风险却不受关注。针对这一问题，Roger E. Kasperson 及其同事将风险的技术评估与心理、社会、文化等社会因素联系起来，构建了风险的社会放大基本框架（The Social Amplification of Risk：A Conceptual Framework，SARF）（Roger E. Kasperson et al. ，1988）。

　　该理论认为信息传播过程、社会文化、制度结构、社会群体行为反应会与风险事件相互作用，这种社会相互作用会放大或减弱风险信号，使风险事件产生次级影响。这些次级影响远远超过了风险事件对人类或环境的直接影响，会波及其他领域和地域，导致更为广泛的"涟漪效应"。Kasperson 将这一现象描述为风险的社会放大，并用图 2 - 1 的框架说明了风险社会放大的过程及风险放大的路径。

　　SARF 描述的风险社会放大过程主要是受信息传播和群体行为反应的影响。风险事件发生后，人们会根据已有的经验和心理认知对风险事件及相关信息进行选择性解读与加工，同时将理解后的风险信息传播给其他社会群体，个体和社会群体会根据接收的风险信息进行评估，产生一些行为反应，这些行为反应又作为一种信息传

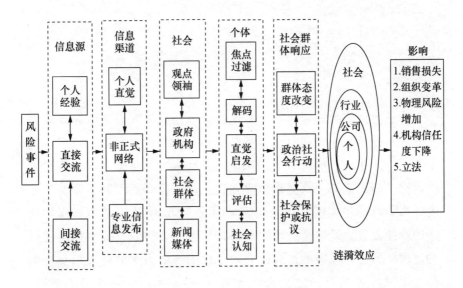

图 2 − 1 风险的社会放大理论框架

播出去。在以上过程中，信息传播和社会群体反应是导致风险社会放大的两个路径。信息传播过程中有关风险信息的报道量、信息的争议度、信息的戏剧化程度、信息所包含的象征隐喻和沟通渠道又将会通过两个途径放大风险：一是改变个体和社会群体接收到的风险信息；二是人们对信息的过滤。社会响应机制主要通过四种方式放大风险：一是个体简单的风险反应；二是社会群体和政治群体观点影响后做出反应；三是根据风险信号值做出反应；四是污名化现象下的评估和反应。

SARF 解释了风险事件在社会相互作用下被社会群体关注或忽略的原因，分析了风险放大的途径，目前已广泛应用到热浪（Poumadere et al. , 2005）、森林火灾（Brenkert − Smith et al. , 2013）等风险事件"放大"或"缩小"的研究中，后面将在这一理论基础上，结合极端气象灾害应急特点分析极端气象灾害社会心理风险的扩散路径及扩散机理。

第二节 风险信息扩散理论

除了上一节所提到的社会文化背景等社会因素会导致风险放大之外，一些学者也发现信息传播的介质——媒体，在风险形成中也发挥了一定作用。Bakir V. （2010）认为媒体主要通过四个途径影响风险，分别是对公众提供风险知识、调节公众对不同风险的接受度、风险行动和提供公众风险想象图式。Chung 认为随着新媒体技术的快速发展，风险信息可以即时传播到更多群众，加快风险传播的速度。另外，风险的社会体验除了根据媒体报道的风险信息产生的虚拟风险体验外，还会来源于非正式人际关系网络间的交流，Binder （2011）将人们之间的口头讨论作为风险"放大站"并分析了讨论的频率和深度对风险认知和行为的影响。

国外学者 David L. 和 Bob J. （2001）基于危机信息传播分析了危机的传播路径与作用机制，在危机传播扩散过程中，危机主体涉及社会整体环境和公众利益等。并对 15 种不同媒体在灾害事件中的报道内容进行了统计分析，认为政府官员是危机信息传播的主要来源，政府官员的信息行为在很大程度上影响了危机信息的传播状态。国内学者刘晓岚等（2010）分析了我国灾害信息传播的研究现状，并提出了整合传播的概念，尤其是汶川大地震中灾害信息传播的整合传播尝试获得了较高的评价。国内对危机信息的传播主要是基于 BASS 模型和信息扩散理论，其中，BASS 模型主要应用于市场营销、品牌竞争、产品库存等领域，或对其参数估计方法进行研究，形成了一系列的扩展型。近年来，程鑫等（2012）在此基础上构建了信息扩散模型，如危机信息扩散模型、地震信息扩散模型等。

综上所述，风险事件之所以形成社会风险主要是因为风险事件在社会因素的推动下不断放大，两个放大途径分别是风险信息传播机制和社会群体响应机制（公众的风险认知和风险行为），强调的是风险信息和公众行为对社会风险放大的作用。因此，研究重大自然灾害发生风险信息的扩散演化机理是非常必要的，能为政府应对社会舆情风险提供依据。

第三节 社会资本治理理论

中国素有重视人伦关系的文化传统，个人在集体中所处的角色，集体的关系网络在社会生活中一直扮演着相当重要的角色，在灾害中也不例外。经济学家试图用社会资本解释集体行动选择困境，认为社会资本能够促进集体行动的实现，社会资本能将分散的民众连接起来，对灾后心理健康的恢复产生影响，所以在中国灾害治理中，应充分发挥非政府组织、社会参与和社会信任等社会资本的作用。

1. 社会资本的内涵

社会资本的概念最早是由法国社会学者皮埃尔·布迪厄提出的，他所定义的社会资本注重社会系统的整体层面，认为社会资本是个人和团体所拥有的社会连带加总，是一种通过关系网络的占有而获取的实际的或潜在的资源集合体（浦蓁烨，2010）。社会资源理论的首创者林南也认为社会资本是从社会网络中动员了的社会资源；边燕杰、丘海雄认为社会资本是行动主体与社会的联系以及通过这种联系摄取稀缺资源的能力；帕特南认为社会组织的特征，诸如信任、规范以及社会网络，它们能够通过促进合作行为来提高社会的效率；福山认为社会资本的本质是信任、互惠等文化规范（陈媛，2011）。

从不同学者对社会资本本质的描述可以看出，社会资本的基本内涵是指一种联系紧密的组织及其特征，其表现形式有社会网络、有意创建的社会组织、规范、信任、权威、行动的共识以及社会道德等。

2. 社会资本与自然灾害

近年来社会资本成为除物质资本和人力资本之外的第三大资本，被广泛应用于社会学和经济学领域，尤其在自然灾害发生后，"经济资本"、"人力资本"与"社会资本"都会造成损害，但相对而言，平时最不显眼的社会资本在灾害中所受损失最小（Turner R. H.，1975）。在灾害中，房屋和财产会被破坏，人们会受伤或死亡，但集体之间固有的联系和情感却不会受到灾害的破坏，他们的社会资源仍然存在，原有的社会结构和社会规范也依然在发挥作用，社会资本的这些特性使它成为个人和集体在受灾后最可依赖的基础资源。

社会资本还是一种有可能在自然灾害中得到更新和补充的资本。根据社会冲突的基本原理，面临着外来威胁时，群体内部的整合程度反而会提高，适度的外在压力将有利于社区的成长。这也意味着在灾害中，社区和个人的社会资本反而有继续增长的可能性。

国外学者 Dynes（2005）分析了自然灾害中信任、社会规范和社会组织的作用问题，认为更高水平的信任有助于加快灾后恢复的速度，提高灾民满意度，受灾群体在灾后很可能出现"利他性"社会规范，有助于灾后恢复。其中，社区社会资本是西方学者研究的重点，David（2001）和 Krishna（2004）结合社区脆弱性和社区恢复力研究了自然灾害（如地震、气候变化等）给社区带来的风险和影响；关于社区社会资本的研究方法，最初大多为定性描述，Byron（2006）开始进行定量研究，以此对灾害社会风险进行量化。

国内学者赵延东等（2011）根据 2008 年和 2009 年两次大规模抽样社会调查数据，从社会支持、社会参与和社会信任三个方面分析了汶川地震灾区的社会资本在灾害治理中的作用，结果表明灾民的互助、参与、团结与信任，构成了他们重建家园最可依赖的"社会资本"。总之，群体的集体行动水平较高，且有较丰富社会资本的社区，其防灾力、抗灾力与恢复力会更强，社会秩序的恢复与重建的速度更快（邹积亮，2012）。俞晓静等从不同维度和层面探讨了社会资本对心理健康的作用，余慧等（2008）和俞晓静等

（2007）采用多层线性模型研究了社会资本对城市居民心理健康的影响，这为社会资本的分层分析提供了思路。总之，研究发现：群体的集体行动水平较高，且有较丰富社会资本的社区，其防灾力、抗灾力与恢复力会更强，社会秩序的恢复与重建的速度更快。

3. 社会资本与心理健康

地震灾害所造成的压力对心理健康具有较大的影响，国外学者 Kawachi 认为社会资本可以从不同方面起到缓冲作用，也能提高社会支持，从而减少影响心理健康的压力（Fujiwara et al.，2008）；Harpham（2002）认为拥有高水平社会资本的社区提供了友好、和谐和安全的环境，反过来促进了具有心理疾病易感人群的人际交流。此外，Berry 等（2010）从结构性社会资本（集体参与）、认知性社会资本（信任、互惠、集体归属感）分析了社会资本对心理健康的影响，结果表明社会集体参与度越高，社会凝聚力越好，个人心理健康水平越高；也有学者分别从个人层面和集体层面分析了社会资本对心理健康的影响（Suzuki et al.，2010；Yip et al.，2007）。

上述研究在一定程度上揭示了居民灾后心理健康的影响因素，但将社会资本引入心理健康的实证分析相对薄弱。由此可见，社会资本与公众心理健康的关联机制是研究地震灾害对公众和社会影响不可缺少的一部分。

第四节 复杂社会网络理论

随机图论被认为是研究网络结构的基本理论，复杂网络的研究主要有三个方面的内容：一是通过实证方法度量网络的拓扑统计性质（Barrat et al.，2004）；二是构建相应的网络模型来理解这些统计性质何以如此（Li M. et al.，2006）；三是在已知网络结构特征及其形成规律的基础上，预测网络系统的行为（Newman，2003）。复杂社会网络的网络节点数目很大，且结构复杂、网络具有多层次性，学者们多用复杂网络的特征量和度量方法来表示拓扑结构特性和功能（谭利，2010）。本节主要介绍基于复杂网络改进紧密度指标，并进行社会风险分析和评价。

1. 紧密度指标

紧密度指标（closeness centrality）用于刻画网络中的节点通过网络到达网络中其他节点的难易程度，其值定义为该节点到所有其他节点最短距离之和的倒数。

设网络具有 n 个节点，则节点 x 的紧密度指标定义为：

$$C_C(x) = \left[\sum_{y-1}^{n} d_{xy} \right]^{-1} \qquad (2-1)$$

其中，d_{xy} 表示节点 x 与节点 y 之间的最短距离。

在具有 n 个节点的网络中，节点 x 到达所有其他节点的距离之和不会小于 $n-1$（$d_{xy} \geq 1$，故 $\sum_{y-1}^{n} d_{xy} \geq n-1$），故归一化的紧密度指标定义为：

$$\overline{C_C(x)} = (n-1)C_C(x) \qquad (2-2)$$

紧密度指标反映的是节点 x 通过网络对其他节点施加影响的能力，能够反映网络全局的结构。

2. 紧密度指标的改进

之前关于复杂网络紧密度指标应用局限在结点之间无方向（即无出入度差别）的网络模型，考虑到本书中复杂网络拓扑结构中节点有方向，将紧密度指标进行如下改进。

考虑网络节点 x 有出入度之分，故定义：

$$C_C(x)_1 = \left[\sum_{y-1}^{n} d_{x \rightarrow y} \right]^{-1} \qquad (2-3)$$

$$C_C(x)_2 = \left[\sum_{y-1}^{n} d_{y \rightarrow x} \right]^{-1} \qquad (2-4)$$

$d_{x \rightarrow y}$ 和 $d_{y \rightarrow x}$ 分别表示节点 x 到节点 y 的最短距离、节点 y 到节点 x 的最短距离。$C_C(x)_1$ 和 $C_C(x)_2$ 分别表示节点 x 的出度紧密度指标和入度紧密度指标。为了方便计算，规定直接相连的两个节点之间的距离等于1。

对于节点 x，其在出度和入度所处的位置重要程度相同，所以本书定义节点 x 的紧密度指标为：

$$C_C(x) = \frac{1}{2}[C_C(x)_1 + C_C(x)_2] \tag{2-5}$$

归一化得：

$$\overline{C_C(x)} = \frac{1}{2}(n-1)[C_C(x)_1 + C_C(x)_2]$$

$$= \frac{1}{2}(n-1)\{[\sum_{y-1}^{n} d_{x \to y}]^{-1} + [\sum_{y-1}^{n} d_{y \to x}]^{-1}\} \tag{2-6}$$

改进的紧密度指标反映了节点 x 在整个社会风险演化过程中的重要程度，$\overline{C_C(x)}$ 的值越大，表明节点 x 在风险演化过程中越重要，对风险演化发展态势的影响越大。

第五节　ISR 压力模型

"压力"源于物理学，是指物体受到外界试图使其发生形变的外力时，其内部会产生阻止这种形变的力；紧张是指当物体承受的压力超过其最大承载力时产生的扭曲状态或结果。20 世纪中期加拿大内分泌学家 Hans Selye 发现人们面对过度压力时会产生异常生理反应的问题，认为这种反应会随着事件的进展而不同，将个体对压力的反应称为"适应综合征"（Hans Selye，1957），进一步完善了压力管理理论。时堪等学者（2010）指出压力概念要涵盖以下五个方面的内容，如表 2-1 所示。

ISR 模型是法国学者 D. Kahn 和 R. L. Katz 于 1962—1978 年在密歇根大学社会研究中心进行的一系列研究，ISR（Institute of Social Research）是该中心名称的缩写。该模型为工作压力对员工健康的研究提供了理论框架，为压力管理研究奠定了基础，ISR 压力模型如图 2-2 所示（John et al.，1962）。

表 2 – 1   压力包含的因素

名称	具体内容
压力源	引起压力的事件
压力应对	个体在面对压力情景时所采取的应对措施
应对资源	影响个体应对压力的个人资源和环境资源
压力反应	个体在面对压力情景时所产生的生理、心理和行为的变化
压力结果	压力对个体产生的持久性影响

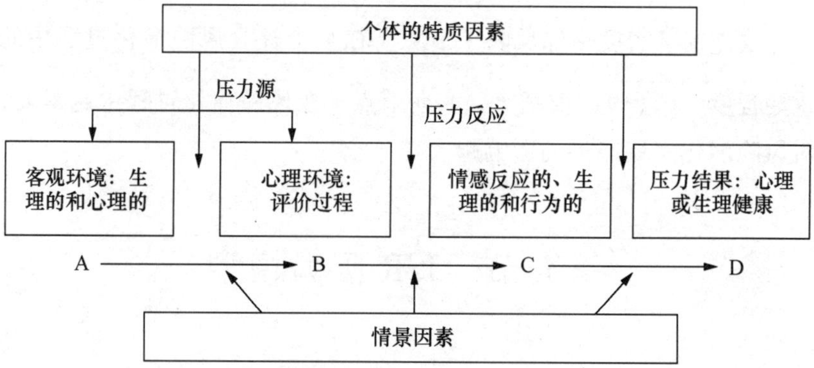

图 2 – 2　ISR 压力模型示意

　　ISR 压力模型首先描述了员工的工作环境，比如，可以被员工注意到的噪声、灯光、室内设计等物理因素。员工会感觉到这些环境因素并对其进行评价，评价后就会产生一种心理环境或心理压力，这是对周围工作环境的心理反应。但是由于员工之间具有差异性，有些人会对这样的环境很放松，而有些人却会感到很压抑，因而会产生一种心理压力。这种心理压力源可能会引起员工一系列的压力反应，主要表现在抑郁、烦躁等情感反应，工作厌倦、头痛等生理反应和人际冲突、迟到等行为反应，这些压力反应如果长时间得不到缓解会给员工带来一些不利影响，可能导致人际关系不和谐、身体出现头痛、抑郁等压力结果。

　　极端气象灾害实际上是一种重大的生活压力事件。所以，ISR

压力模型可以用于探讨极端气象灾害对人们社会心理健康的影响。

第六节 本章小结

　　本章阐述了重大自然灾害社会风险演化机理及应对策略研究的相关理论基础。风险社会放大理论和风险信息扩散理论是作为社会风险演化机理分析的理论基础，重大自然灾害发生后，灾害成为风险源，公众不断地对风险进行认知，在"放大站"的作用下，不断演化衍生为次级社会风险。随着社会风险信息的快速传播和扩散，又会形成社会舆情风险，如果控制不好，可能又会演变成社会稳定风险。而社会资本治理理论是从社会资本的角度出发，减轻灾后居民心理压力，属于社会风险的应对策略。复杂社会网络理论是社会稳定风险演化分析和评价的理论基础。ISR 压力模型是社会心理风险识别的理论基础。

第三章　重大自然灾害社会风险研究总述

目前国内外有关重大自然灾害风险演化机理和应对策略研究主要集中在某个特定灾害的风险识别、风险分类、风险演化、风险预警、风险评价、风险管理等方面，但由于我国重大自然灾害频发，加大了自然灾害对社会影响的复杂性和不确定性，同时会对社会风险演化和应对策略产生深刻的影响。因此，本书分别以极端气象灾害、重大洪涝灾害、重大地震灾害等为例，从重大自然灾害社会心理风险、社会舆情风险与社会稳定风险系统地研究了社会风险识别、社会风险演化机理、社会风险应对策略、社会脆弱性风险评估等。总结得出重大自然灾害社会风险定义、社会风险一般性演化过程和一般性应对策略。

第一节　重大自然灾害社会风险识别与分类

随着人类生活环境的变化，越来越多的事实表明，我们正处于一个复杂的、瞬息万变而又充满诸多不确定性的高风险社会之中，面对全社会日益严重的重大自然灾害社会风险，对自然灾害社会风险进行识别与分类，并有效地加强管理和防范风险显得尤为迫切。针对近年来三个重要的风险管理国际标准化文件：Guide 73（2002）、澳大利亚的风险管理标准 AS/NZS4360（2004）和 ISO/CD 31000，以及国际减灾理事会的白皮书，提出了风险管理过程包括风险识别、分类、分析评价、风险应对管理等（李宁等，2009）。

一 重大自然灾害社会风险识别

重大自然灾害社会风险的识别就是研究在某一特定地区在某一特定时间内遭受灾害，对尚未发生的、潜在发生的以及客观存在的影响因素及其对社会造成的危害进行系统的、连续的辨别、归纳，并评价这些风险因素所引起后果的严重性（Fell et al.，2005）。针对城市灾害风险识别，给出了城市灾害风险识别的基本思路，包括城市灾害历史和现状调查、城市灾害风险识别的基本流程以及已识别灾害风险分析方法（徐波等，2007）。[在泡沼蓄洪风险因子识别方面，分析了平原地区泡沼蓄洪利用过程，对泡沼蓄洪的主要风险因子进行了识别，建立了二维泡沼蓄洪风险估算模型，并应用于白城市茨勒泡在7—8月间的蓄洪案例中（许士国等，2010）。]针对沿河公路水毁灾害风险，在理论分析和现场调研的基础上，重点探讨了沿河公路水毁灾害风险的定义及其风险识别方法（田伟平等，2009）。结合电网企业的特点，对电网企业面临的外部风险进行了识别与分析，为电网企业有效进行风险管理奠定了坚实的基础（孟凡等，2012）。在风险识别方法上，探讨了层次分析法用于自然灾害风险识别系统的具体途径（金菊良等，2002）。

（一）识别极端气象灾害社会心理风险

1. 直接心理影响

极端气象等自然灾害的发生使人们赖以生存的物质生活资源瞬间失去，根据心理学的研究，有机体在正常状态下处于一种心理平衡状态，当受到一定程度的外部环境刺激时会做出一系列的行为反应。加拿大生理学家 Selye 对应激（stress）进行了相关研究，认为应激是指有机体对外部环境刺激产生的一种生物化学即时反应，遵循"外部环境刺激—行为反应"的模式。在这个应激过程中，受灾群众往往会表现出一些躯体化症状（van den Berg B.，2005），如头痛、腹痛、呼吸急促等症状，这与灾后心理痛苦有关，并且躯体化症状的发病率在 3%—78%（Goldmann E.，2014）。虽然这些症状随着时间会慢慢消除，但有些受灾群众的躯体化症状会持续数年，Bromet E. J.（2002）对切尔诺贝利核灾难发生 11 年后的 300 名女性受影响群众的健康状况进行调查，发现这种躯体化症状依然非常明显。另外，一些受灾群众比较明显的症状就是失眠，主要是因为过度悲伤情绪、担心灾害会再次发生以及抑郁或创伤后精神紧张性障碍（PTSD）。

2. 间接心理影响

极端气象灾害事件具有突发性，除了给受灾群众带来一些直接的心理行为影响，还使受灾群众产生一些消极情绪，情绪是影响人们心理的重要因素，情绪的波动会引发人们不同的心理变化，同时也有研究分析了情绪与灾后人们行为反应之间的关系（Doherty T. J.，2011）。灾后情绪主要表现为抑郁、焦虑、担心、心理防御过度等。重度抑郁症（Major Depressive Disorder，MDD）是普通人群中最为普遍的一种症状，其主要特征是对以前感兴趣的事情没有兴趣了、睡眠质量降低、注意力难集中和易激惹。灾害研究表明，除了PTSD，抑郁是第二种最为常见的灾后心理症状，灾后MDD的发病率与许多因素有关，如灾后社会支持、灾前患有抑郁症状的人口比例和灾害暴露程度等。

PTSD是灾后最常见的心理风险，对比较典型的PTSD及其他心理研究文献进行归纳整理如表3-1所示。

表3-1　　自然灾害社会心理风险表现形式及影响因素相关研究概况

主要研究者	灾害事件	样本特点	研究工具	主要研究结论
Tang (2007)	东南亚地震和泰国海啸	普吉岛幸存者，灾后2周和6月	DSM-IV量表，一般健康问卷	PTSD患病率为22%；6个月后，受害者的PTSD症状发生率为30%；70%幸存者可以积极调整，而其余幸存者有慢性带延迟的应激反应
Tuason等 (2012)	2005年美国卡特里娜飓风	灾后4年9名幸存者	定性访谈研究	幸存者有较重的被剥夺感，如家庭损失、邻里关系破坏、财产损失；临时安置对幸存者带来一些问题，如对政府缺乏信任，社会支持系统损失

续表

主要研究者	灾害事件	样本特点	研究工具	主要研究结论
van Griven 等（2006）	2004 年东南亚海啸地震	受灾群众，灾后 2 个月和 9 个月	霍普金斯清单（HSCL）	临时安置者 PTSD、抑郁症、焦虑的患病率分别为 12%、30% 和 37%；9 个月后发生率分别为 7%、16.7% 和 24.8%。影响这三种心理问题最重要的因素是生计资源
Kõlves K, 等（2013）	自然灾害	42 篇有关自然灾害与自杀行为的实证研究	文献综述法	有 19 篇论文分析了自杀死亡率和 23 个非致命性自杀行为。自杀最常见的灾害类型是地震、洪灾。影响因素：灾前的精神健康状况和经济条件
Scott B. G., 等（2014）	卡特里娜飓风	191 名 4 年级至 8 年级的青少年	同辈之间的冲突量表	结果表明攻击行为（Aggressive Behavior）与 PTSD 之间具有间接效应，同时发现年龄和性别起到主要作用
Küçükoğlu S.（2014）	2011 年土耳其凡城地震	凡城灾区 7 岁至 12 岁幸存儿童	儿童的创伤后应激反应指数	儿童中 8.6% 有轻度 PTSD 症状，19.7% 有中度 PTSD 症状，47.7% 有重度 PTSD 症状，24% 有严重的 PTSD 症状，这主要与家庭经济损失情况有关

（二）识别重大洪涝灾害社会心理风险

重大洪涝灾害生命周期下社会面临的主要风险包括致灾因子风险、孕灾环境风险、承灾体危害风险。其中致灾因子风险关联因素主要有：降雨强度、降雨持续时间、降雨频率、降雨概率、降水分布时空均匀性等；孕灾环境风险关联因素有：天气气候、地质地貌、河网密度、海拔高度、距河距离、坡度、植被覆盖率、高度差、人类活动、防洪减灾能力、经济发展状况、年龄、收入、文化程度等；承灾体危害风险关联因素有：经济损失、交通事故、物资缺乏、生产生活困难、哄抢购物、流言及群体行为、市场供应紧张等。

二　重大自然灾害社会风险分类

由于我国特殊的地理位置和社会状况，当前面临的重大自然灾害社会风险具有更大的复杂性、多元性和严重性。关于风险分类体系，从后常规科学的角度分析 IRCC 的综合风险治理理念及其分类体系，为构建适合我国国情的、系统有效的综合风险治理体系奠定了基础（张月鸿等，2008）。鉴于目前灾害风险的分类多从定性的角度进行描述，参考 IRGC 的风险分类方法，研究了适应我国国情的风险分类方法，采用 Hayashi 数量化理论Ⅲ的数值分析方法，通过基于风险过程的属性判断矩阵刻画风险的属性，计算各种风险的得分，进行风险聚类，得到综合风险分类结果（张鹏等，2010）。针对目前突发事件风险等级评价半定量化、等级的分辨率较粗糙的不足，使用投影寻踪、遗传算法和模拟技术建立了突发事件风险分类评级过程，该评价过程体现了较强的客观性以及等级连续性的特点，运用该评价过程建立了广东省雷电灾害风险评价模型，对广东省雷电灾害进行实证研究（汪志红等，2011）。针对风险分类方法，从现代风险发展的综合特点出发，对现有的风险分类方法和体系进行了分析和回顾，借鉴国内外综合风险分类的方法和体系，构建风险分类的原则，形成现代风险分类的综合性方法，将风险分为 8 个一级类、50 个二级类（李宁等，2008）；在分析风险分类重要性的基础上，提出从风险的系统动力学特征出发，以风险因素作为风险分类依据的分类构想，有利于加强风险基础数据库建设和提高风险管理水平（胡爱军等，2008）。

重大自然灾害主要造成资源损失、公众心理、网络舆情、秩序稳定、生产环境等社会风险，如表 3 - 2 所示。

表 3 - 2　　　　　　　　重大自然灾害社会风险分类

重大自然灾害社会风险类别	具体事项
社会资源损失风险	人员死亡，生存环境破坏，生态环境破坏，交通中断，通信中断，供水、气、电设施破坏，刑事犯罪率上升，生活用品供不应求，物价上涨
社会心理风险	精神伤害、抑郁、恐慌、心理压力、政府信任度减小、安全感流失

续表

重大自然灾害社会风险类别	具体事项
社会舆情风险	网络谣传、舆论压力、信息失真，应急处理效率低下、政府公信力下降
社会稳定风险	集体恐慌、群体聚集、游行、上访等事件，围堵媒体车和警车、哄抢物资等、谣言传播
社会生产环境风险	土壤、植被、河道淤塞、泥沙

（一）重大自然灾害社会资源损失风险

重大自然灾害导致的资源损失包括人员伤亡和环境破坏，这是灾害造成的最直接损失。其次是交通中断，通信中断，供水、气、电设施破坏，刑事犯罪率上升，生活用品供不应求，物价上涨等，这是由直接风险引发的次级风险。

（二）重大自然灾害社会心理风险

重大自然灾害影响公众心理健康风险的内因是灾民面临失去工作、亲人、住房等问题，给人们的生存和发展带来严重的困扰；外因是人们对外部环境，尤其是对政府的信任程度。

目前没有学者对灾害心理的定义进行明确界定，董惠娟等（2006）认为灾害心理是灾民在灾害条件下产生的一种心理现象，是灾后人们对生存环境的破坏及其身心创伤的体验和心理行为异常的反应。另外，有些学者认为灾害社会心理风险是指灾害导致的人类身心健康、人际关系、社会安全等非经济层面的一些影响。"社会"主要有三个层面的含义：一是指社会稳定与秩序等宏观方面；二是指灾害作用于社区等群体层面；三是指灾害对微观的个体产生的影响，主要是灾民的心理行为状态（吴晨等，2012）。Doherty（2011）等也将全球气候变化的心理影响分为三种类型：直接心理伤害（急性应激障碍或创伤后应激障碍）、间接心理影响（情绪行为反应异常，如抑郁、绝望、心理痛苦等）、社会影响（暴力事件、群体性冲突）。Warsini 等（2014）通过关键词"社会心理影响与自然灾害"搜索得到 1615 篇关于自然灾害与社会心理影响的文献，这些自然灾害类型涉及地震、海啸、飓风等，发现不同灾害类型下社会心理影响具有相似性，主要是创伤后应激障碍、急性应激障碍、抑郁、焦虑、群体冲突和自杀行为。

根据灾害心理和风险的相关研究，本书认为重大自然灾害社会心理风险是灾害发生后引起受灾群众社会心理发生一系列变化现象的可能性，这些现象包括人们情绪行为（如恐惧、失落、抑郁等）、生理行为（如头痛、呼吸急促、疲倦等）和其他行为（如攻击、自杀、犯罪、抢劫、群体性事件等）。

（三）重大自然灾害社会舆情风险

首先，网络具有匿名性特点。网民不需要为自己在网络上的非理性行为承担任何责任，风险趋近于零，因此可以肆无忌惮地发表自己的言论，任何意见基本上均可随时公开，那些过激的甚至带有人身攻击色彩的言论也很少受到众人指责，即使受到指责也不能造成对现实生活的直接影响（张一文等，2010）。其次，网民数量众多，且在暗示与感染机制作用之下群体成员相互模仿，网络群体犹如处在现实状态下集合的群体，每一个个体失去了独立思考的能力，很快形成群体意见（张莉，2010），进而以最快的速度向政府施压，从而造成重大自然灾害社会舆情风险。最后，网络尤其是微博具有谣言传播的可能性。薛国林（2011）通过对微博链状、树状、环状对话结构的分析，绘制了微博谣言传播、聚合、裂变的"传染"路线图；陈力丹（2011）对微博辟谣机制及相关对策建议进行了研究，探讨了微博的自净化功能，同时提出以自律解决微博传谣问题。不少学者对突发公共事件中的谣言也进行了不少的案例分析，如廖天凡、张小燕、梁涛和郭雯（2011）对由日本大地震引发的抢盐风波中的谣言传播的研究；匡文波、孙燕（2010）对温州高铁事件谣言的相关研究。然而到目前为止对于微博信息传播的研究主要集中在较浅的认识层面，大多都是基于定性的分析研究，定量研究还是非常少的。

重大自然灾害社会舆情风险是指灾害发生后，民众通过互联网等现代媒体，就灾害有关事件的发生、发展、处置等问题表达情绪、态度和意愿，以至于造成突发事件应急处理效率低下、政府公信力下降以及社会秩序受到影响以及网络谣传、舆论压力、信息失真等造成社会负面影响的可能性。

（四）重大自然灾害社会稳定风险

目前，有关社会风险的研究大多局限于政治、政策、经济等一直存在于社会生活中的因素。Danielle German 和 Carl A. Latkin（2012）研究调查了发生在一个虚拟的社会稳定特性集（住房、住宅的过渡、监禁、就业、收入、与合作伙伴的关系）之间的共生普遍性和共生模式，评估了社会稳定基础分组的可能性，并研究了社会稳定与健康结果之间的关联。Boerner 等（2004）研究了社会消极方面的稳定和变化及残疾老年人之间的社会消极方面与工具支持之间的关系，结果表明随着时间的推移，稳定性和变化的差序格局将会引发社会消极影响，且社会消极有各种不同的起源。胡联合等（2006）对 20 世纪 90 年代中期以来影响我国社会稳定的社会矛盾的变化态势进行了实证分析，发现影响我国社会稳定的矛盾呈现出增多的发展特点。Rebholz 和 Casey 等（2009）通过对收集的2003—2004 年由健康资源和服务管理资助的 10 个延伸计划中的1133 名危险感染者的物质使用和社会稳定措施数据进行分析，发现物质使用模式（使用药物种类、数量）影响居住状态的社会稳定（对于食物的需要、收入水平），对感染艾滋病的吸毒者有效的计划干预政策和规划具有重要意义。

重大自然灾害社会稳定风险衍生于灾民对灾后救援的不满，救援机构管理的抗议，以及个体向群体演化放大的诸多表现形式，主要涉及交通、生活和市场，很大程度上体现为社会关系失调、社会冲突，如上访、暴力、群众示威、刑事犯罪、劳资冲突、传染病、恐怖主义、道德失范、信任危机等，这些对社会运行构成严重威胁。

（五）重大自然灾害社会生产环境风险

重大自然灾害导致的社会生产环境的破坏是直接损失，包括城市和农村不同的生产环境破坏，城市主要为交通中断，电力瘫痪等，农村主要表现为土壤质地变化、泥沙、河道淤塞等。

因此，应认真分析重大自然灾害发生后，群众引发的异议，遭遇到的损失或不适，这些异议、损失或不适即为引起社会不稳定的风险。

第二节　重大自然灾害社会风险定义

近年来，重大自然灾害社会风险的管理已经成为灾害领域研究的热点，并已经成为世界其他国家防灾减灾体系的重要组成部分（Lazarus，2014）。

本书所指重大自然灾害，是由于自然异常变化造成的人员伤亡、财产损失、资源破坏、社会失稳等现象或一系列事件，如极端气象、重大洪涝、地震、泥石流灾害等。所指社会风险是自然灾害对社会将造成显性风险和隐性风险，如经济风险（经济损失、降低增速）、社会心理风险（创后压力、恐惧、失落、敌对情绪）、社会舆情风险（网络谣传、舆论压力、信息失真）、社会秩序与稳定风险（群体性事件、动乱、自杀、犯罪）等。社会风险是一种导致社会冲突、危及社会稳定和社会秩序的可能性，社会风险意味着爆发社会危机的可能性，一旦这种可能性达到一定程度时，社会风险就转变成了社会危机，对社会稳定和社会秩序都会造成灾难性的影响。

第三节　重大自然灾害社会风险演化与应对

一　重大自然灾害社会风险演化一般过程

重大自然灾害发生后的动态演化过程有其自身的规律和机理，只有充分研究并掌握了灾害演化规律和机理，才能使灾害的社会风险降到最低。

Stephen Jay Gould 和 Niles Eldredge（1972）认为风险演化是指

通过短时间内的快速变化来实现的风险增大；Dombrosky（2003）
在研究中指出，危机事件造成的危害是有限的，但这种危机在一定
条件下会发生扩散，产生连锁反应，并造成严重的社会危害。此
外，已有研究成果均认为，目前关于社会风险演化规律的研究比较
薄弱，对社会风险的研究必须从动态和连续时间序列的角度展开研
究，使其研究成果具有真正的适应性、针对性和预警性（Skogdalen
et al. , 2011）。姚亮（2011）分析了社会风险的形成机理由风险
源、风险节点、风险场域和风险势能等基本要素和环节所构成，并
经历社会风险的生成和传导两个阶段。同时，社会风险的形成具有
以下几个特点：社会风险的形成与利益因素存在高度关联，政府在
社会风险中的角色尤为重要，社会风险具有很强的连锁扩散效应。
朱德米（2013）分析了环境风险转变社会风险的演化机制及其应
对，说明环境风险可能酿成群体性事件，进而影响到社会风险；刘
晋（2013）研究了社会风险、公共危机和突发事件三者之间连续的
演化逻辑，指出突发事件是引发社会风险向公共危机演变的关键，
是社会风险与公共危机潜在因果关系的触发因子。

从整体分析，对2001—2010年10年间2246件灾害进行了交叉
耦合综合分析，通过多种图形方式显示了近10年我国灾害事故的发
生规律（李润求等，2011）。针对城市暴雨灾害演化，利用复杂网
络理论构建了北方城市暴雨灾害演化的网络模型，并针对城市暴雨
灾害的演化过程进行了风险分析（朱伟等，2011）。针对青藏铁路
风险扩散，总结了青藏铁路常见的地域分布特征，分析了其扩散演
化路径，阐述了其扩散演化机理（陈之强等，2011）。在滑坡灾害
演化方面，对滑坡灾害链式特征进行了概化，对链式发育阶段进行
了划分，并将滑坡灾害演绎规律用链式关系予以表征，进而对滑坡
灾害链式演化阶段及规律进行研究（王羽等，2010）。冰雪灾害是
一种常见的自然灾害，运用复杂网络的相关理论知识，在冰雪灾害
危机事件演化机理研究的基础上对冰雪灾害危机事件演化构成和衍
生特征进行了分析（陈长坤等，2009）。在调查掌握约6056公里汶
川灾区公路沿线地震崩滑灾害详细资料的基础上，根据地震构造、

地震烈度进行段落划分，并对其灾害发育规律进行了研究（程强，2011）。另外，针对台风灾害，基于复杂网络理论，以"莫拉克"台风为例，提出了一种针对自然灾害演化系统的风险分析与控制的思路和方法（陈长坤等，2012）。在干旱和洪灾方面，对广西喀斯特中部地区影响干旱和洪灾形成的地质因素和人为因素进行了分析，结合该地区特殊地质和地理因素对其干旱和洪涝灾害的形成及演化机制进行了研究（Rui Z. et al.，2012）。在国外，针对气象和洪水等灾害的影响进行了较多研究，对气体渗流进行热流耦合实验，进而对突发灾害产生的气体渗流的影响机制进行研究（Peng S. et al.，2012）。

以上国内外的研究工作大部分针对某一具体灾害的演化进行研究，为灾害社会风险动态演化规律及机理的研究提供了思路和方法借鉴。但由于重大自然灾害的规模性和复杂性，其对社会的影响和风险极其复杂，为了掌握其规律、化解风险和降低损失，其动态演化的规律及机理需要进一步研究。

本书以极端气象灾害、重大洪涝灾害、重大地震灾害等为例，通过实地调研，将调研资料整理分析，通过模拟研究刻画重大自然灾害社会风险动态演化一般过程。具体经过如下三个阶段。

（一）第一阶段

重大自然灾害演化为灾民个体心理风险。在自然灾害发生初期，房屋和各种社会基础设施受到损失，造成灾民巨大经济损失，如果修复不及时，对受灾民众的衣食住行的影响程度会不断加剧，灾民个体不满情绪会不断增加并导致灾民个体心理风险不断加大。

（二）第二阶段

灾民个体心理风险演化为群体风险。随着灾害破坏的进一步加剧，在种种压力和外界因素作用下，犯罪活动增加，将引发灾民恐慌。这时如果救援物资不充足或不及时或缺乏完善的补偿机制及标准，部分受灾民众可能会采取哄抢救援物资、散布救灾不力谣言等过激言行。经济和心理压力不断集聚，超过最大心理承受临界点时，行为状态就会发生突变，并在信息传递过程中容易被加工和强化，成为激发社会中积聚的不满情绪的导火索，同时影响到周围人群，将局部范围内的个体事件放大演变成为更大范围内的群体性事件。

（三）第三阶段

群体风险演化为社会稳定风险。当群体性事件出现时，大量媒体跟进报道，在陈述事实的同时可能在一定程度上改变了风险信息的内涵及严重程度，引起灾民恐慌，从而提高了社会的风险认知，由于时间压力缺乏理性思考，周围环境中的一些微小变化（如社会的一个评论）都会引起人们心理和行为状态的突变，加上不法分子趁机作乱，制造谣言，往往选择政府作为宣泄对象，成为社会稳定风险的强力催化剂，并激发社会中原有的一些潜在矛盾，最终导致爆发性的情绪发泄，做出聚集等过激行为，出现社会秩序混乱，危及社会稳定。

综上所述，重大自然灾害由个体心理风险演化成群体性风险、进而演化成社会稳定风险的过程中，主要有四种因素推动了社会风险的演化与突变。

（1）灾民个体财产生命损失。如果得不到相应救援或补偿不公时，个体行为失范和不满行为会加剧，直接影响周围群众，推动事态向群体风险方向演化。

（2）受灾群众的情绪。个别社区不满情绪如得不到安抚，将会影响到周围社区群众的情绪，不满情绪的加速传染会导致更大范围的不满和恐慌，从而不断向危害社会稳定的方向演化。

（3）社会风险信息传递过程，各种信息会根据传播者自身的理解被加工、删除或放大，容易使人们形成高风险认知，导致恐慌心理，有的失去理智被不法分子利用，转而采取各种非理性行为或过激言行，这些言行又被作为一种信号源传播出去，影响更广的群众，加速向社会稳定高风险方向演化。

（4）社会群体采取的行动。社会群体（如政府和救援机构等）如果是消极行为，会导致灾害社会稳定风险不断升级，尤其是救援机构在应急救援与管理中的延迟、缺位等会直接成为社会稳定风险强化的加速器。

二 重大自然灾害社会风险一般应对策略

社会风险管理指出，减轻灾害与降低灾害风险的水平，需要多个层面的共同努力，形成合力，以政府、企业与社区的协作来应对灾害风险，这样有助于充分发挥减灾资源的价值，提高减灾资源利用的效率与效益（Chennat，2006；Joanne，2006）。Lenneal（2004）认为政府在做出灾害应对决策时，应该充分考虑人口年龄、教育情况、社会经济压力、基础设施等相关因素，并且要重视防灾、抗灾、减灾和善后过程中的资源情况，因为这些要素是灾害风险水平的决定要素。社区要提高自身的减灾能力，通过减灾教育与宣传，提高社区内所有家庭与个人的减灾意识和应急避险能力。中国灾害信息的传播机制表明，在灾害信息的传播扩散过程中，政府、媒体要各自发挥其正面的积极作用，公众也应保持良好的接收灾害风险信息的态度，这样才能有效利用各种民间组织的力量进行防灾减灾（张筱瑛，2011）。王伟勤（2013）详细阐述了社会风险和风险转型，介绍了社会保障化解社会风险的功能，提出了多元主体参与的社会风险防范与治理体系。

为了将由灾害对社会造成的风险损失降至最低，对灾害社会风险进行测度与预警进行了一系列研究，灾害风险测度与预警是指对可能造成生命或财产损失的致灾因素进行监测度量和预警，并且根据灾害的严重程度提出相应的应对措施，如针对洪涝灾害，阐述了洪涝灾害风险检测预警评估概念，评估基本思想和预警技术及方法，研究了洪涝灾害的监测和预警体系（廖永丰等，2012）。在国外，针对干旱、洪涝和台风灾害预警，在充分研究了中国橙色干旱预警模型研究现状的基础上，根据得到的实时监测数据，采用因子分析和主成分回归方法构建预警模型，对该预警模型中的指标进行连续动态监测，并对预测值变化趋势进行分析，进一步表明该模型具有实际的预警作用（Shuangyan Zhou et al.，2011）；深入研究了洪涝灾害的影响评估指标体系，建立了灾害风险评估的方法体系，通过 GIS 软件的空间分析能力，完成了灾害社会影响和经济财产损失的空间化评价，该方法可以评估灾害中经济损失类型、数目及其该经济损失的分布特点，可以确定受灾人口数量、受灾程度及其受灾人口的空间分布特征，该方法还能够评估间接损失，能够有效地对洪涝灾害进行测度（Xiangwu Kang et al.，2006）。

如何有效地降低和化解社会风险是迫切需要解决的问题，只有对灾害及其社会风险的动态演化进行充分的研究，才能将社会损失降到最低。2010 年达沃斯国际灾害风险大会的主题是将灾害风险威胁转化为可持续发展的机遇，大会中从全球危机——原因及影响，发展、安全和气候变化，变化时期的基础设施建设及大城市与减灾等几个议题出发，探讨了如何将灾害风险威胁转化为可持续发展的机遇（王绍玉等，2010）。为了降低因地震、暴雨、洪水等突发性灾害而诱发的堰塞湖灾害风险，对堰塞湖形成后采取应急措施、堰塞湖形成前采取预防措施来进行实验，根据实验结果来采取一些降低堰塞湖灾害风险的措施（王丽等，2010）。在国外，在减灾方法方面取得了一些进展，如强调经济的脆弱性对自然灾害的影响，必须用经济学的思维和方式建立一套全面的减灾措施，从而降低灾害的风险（Porfiriev B.，2012）。从提高灾后能力，建立灾害研究伙伴关系，收集灾害损失数据，灾害风险解释和行动，阐述了如何将灾害风险消解转向可持续发展（Mcbean G. A.，2012）。在回顾了降低灾害风险和适应气候变化等领域对于城市应对气候变化的风险和危害的贡献基础之上，探讨了两者之间的连接及协同作用对城市气候风险及危害消解的相关影响（Solecki W. et al.，2011）。在国际风灾害风险消解组织启动的背景下，介绍了一些风相关的毁灭性的灾害对社会的影响，认为要减少风相关灾害风险的影响是一个系统工程，需要不同的自然灾害团体、学术团体及非学术团体之间的密切合作（Tamura Y. et al.，2012）。

以上研究工作为重大自然灾害及其社会风险动态演化研究提供了多种不同的思路，但由于重大自然灾害种类的繁多及其复杂性、灾害社会风险应对具有动态多阶段性，需要进一步研究。

本书通过研究认为：在社会稳定风险演化过程中，一级风险事件为财产受损、哄抢购物、社会大众恐慌、生活设施破坏和通信中断，它们是与人们的生活息息相关的，直接影响着人们的衣食住行，它们的存在将会直接导致后续一系列社会稳定风险的产生，很大程度上决定了社会稳定风险演化态势。生产生活困难、灾民居无住所和交通受阻中断属于二级风险事件范畴。三级风险事件中，市场供应紧张、灾民心理影响、物价上涨影响最为显著。通过案例研究，在重大自然灾害社会风险演化分析的基础上，提出了重大自然灾害社会风险一般应对策略。

（一）确保满足灾民日常生活需求

在重大自然灾害发生过程中，灾民会面临缺吃少穿，基本生活需求无法满足的状况，心里一时难以接受，心理会受很大影响。为安抚灾民情绪，政府有关部门应尽一切力量解决灾民日常生活问题，保证食物供给充足，使灾民无后顾之忧，能安心投入救灾行动中；尽快抢修基础设施，加快灾区生活恢复正常速度。

（二）加强政府与灾民之间的沟通与信任

灾害发生过程中的群体行为大多是由于政府和灾民之间沟通不畅，相互之间缺乏信任所致。在救援过程中，政府应第一时间向灾民和媒体发布灾害相关的最新消息，保障社会公众对灾情的知情权。遭到质疑时，第一时间出来解释和澄清质疑，将真相及时告知公众，对于歪曲性报道或谣言及时予以澄清，正确引导舆论，取得社会公众的信任。灾民在对政府产生不理解或质疑时，应寻求相关部门帮助，而不是一味发泄不满情绪。

（三）加强灾区法制管理，维护灾区稳定秩序

对灾害期间发生的各种犯罪活动、不法分子蓄意闹事等行为要严厉打击、加强管理，避免事态严重。同时，要加强灾区信息传播管理，对相关媒体的不实报道、歪曲性报道或谣言应第一时间寻找信息源头并对其行为加以制止，依法追究相关单位和个人的法律责任，引导媒体以理性、合法的方式据实报道，制止矛盾激化，给社会带来和谐氛围。

（四）建立社会稳定风险网格化化解和管理长效机制

灾害社会风险可能渗透到社会各个方面，须调动社会各个层次的力量进行化解，利用网络工具构建社会风险网格化综合化解与管理机制，开展精细化灾害风险普查和社区灾害应急认证工作，建立重大自然灾害社会稳定风险数据库供政府查询和分析，及时化解社会稳定风险。

第四节　本章小结

本章综述了目前关于重大自然灾害社会风险演化规律、机理和应对策略的研究，主要有以下特点：①针对不同具体自然灾害自身应用的灾害风险识别、灾害风险模拟、监测和预警以及风险管理的各种方法、实证方面的研究。②对基于重大灾害的社会风险演化机理的研究相对较少，对社会风险化解方法和应对策略的研究也相对较少，没有形成一个系统地解决重大灾害社会风险识别、演化规律和机理、应对策略等较为完善的理论和方法体系。③比较缺乏重大自然灾害社会风险演化机理及应对策略的案例和模拟应用研究。因此，针对重大自然灾害社会风险存在可以进一步探讨、发展和突破的广阔研究空间。

通过本书的第四章极端气象灾害社会心理风险演化机理、第五章农村重大洪涝灾害社会舆情风险演化机理、第六章重大地震灾害社会稳定风险演化机理的系统研究，将总结和识别重大自然灾害社会风险关联因素，把社会风险主要分为社会心理风险、社会舆情风险与社会稳定风险三大类，提出社会风险定义：重大自然灾害导致受灾个体损失和需求短缺，触发受灾个体心理失衡，引起个体行为异常，在社会舆情的推动下进一步升级为社会冲突，从而导致社会危机爆发、危及社会稳定、加剧社会动荡的可能性。同时，将总结重大自然灾害社会风险演化的一般过程，提出应对重大自然灾害社会风险的一般策略。

第四章　社会心理风险演化机理及应对策略

近年来我国极端气象灾害发生频率明显增高，受灾人数和损失也呈现明显上升趋势，不仅给国家经济和人民生命财产造成重大损失，也给受灾群众造成了一系列严重的心理健康问题，这些心理问题如果得不到及时有效的缓解而被逐渐累积，很容易外化为异常行为，甚至演化为群体性事件，降低社会的稳定性和安全性。因此，只有掌握了社会心理风险的演化机理才能更有效地防范灾后群体性事件，维护灾区社会秩序。本章以湖南省怀化地区极端气象灾害为例，主要研究极端气象灾害社会心理风险识别、影响因素实证研究以及扩散演化机理，最后提出极端气象灾害社会心理风险的应对策略，为应急管理提供理论依据和科学借鉴。

第一节　基于改进 ISR 压力模型的极端气象灾害社会心理风险识别

在文献分析和灾区实地调研的基础上，本节从压力管理的视角系统地对极端气象灾害社会心理风险的表现形式及影响因素进行识别研究，提出了针对极端气象灾害的改进 ISR 压力模型，据此分析了人们面对极端气象灾害这种应急源的心理形成过程，很好地解释了灾后人们抑郁、失落和顽强不息等复杂心理现象，形成了较为完善的极端气象灾害社会心理风险理论体系。

一 社会心理风险识别

联合国人道主义事务部将自然灾害风险界定为特定的自然灾害在一定区域和时间内给社会造成的期望损失值，这些损失包括人们生命财产损失和经济损失等。本书认为风险是不利事件或损失的可能性。

根据灾害心理和风险的相关研究，本章认为灾害社会心理风险是灾害发生后引起受灾群众社会心理发生一系列变化现象的可能性，这些现象包括人们情绪行为（如恐惧、失落、抑郁等）、生理行为（如头痛、呼吸急促、疲倦等）和其他行为（如攻击、自杀、犯罪、抢劫、群体性事件等）。

极端气象灾害社会心理风险识别就是对某地区在特定时间内遭受极端气象灾害后对人们社会心理产生影响的各种风险因素进行系统的辨别、归纳，然后识别影响人们评价和应对风险的应对资源以及这些风险因素带来的社会心理反应及其后果。

二 改进的 ISR 压力模型

ISR 压力模型虽然很好地解释了工作压力对人们身体健康的影响，但它也存在一些不足。首先，它只侧重于压力对人们身心健康的负面影响，而没有考虑到压力对人们正面的影响，比如，存在一定的压力人们会更有激情来面对工作，经历过有压力的事件后人们再面对类似事件时就有可能不会有压力感，故该模型没有考虑到人们可以有效应对压力时人们的心理变化情况。其次，ISR 模型只考虑到了客观环境、心理环境、情景因素和个人特质是压力源，而没有认识到压力无效应对的结果也是一种压力源，人们的一些持续的恐惧等症状会加剧人们对类似事件的恐惧，是一种潜在的压力源。

根据开放复杂系统的观点，人们是处在一个包括自然、社会、心理、生理的开放复杂系统中，而极端气象灾害的发生就打破了原复杂系统的平衡，带来了巨大的压力，限制了人们的行动自由及活动范围，会耗尽系统资源，造成人员短缺现象（保罗·贝尔等，2009），导致人们心理发生一系列变化。本章为弥补原有模型的不足，根据灾害心理学、环境心理学和社会心理学等知识，结合实际

灾害调研提出了针对极端气象灾害的改进 ISR 压力模型，如图 4-1
所示。该模型可以较好地分析灾害发生后人们失落、抑郁、精神异
常、攻击行为和顽强生命力等现象，并且具有很好的测试性，更全
面地解释了人们在面对极端气象灾害这种压力环境下的心理行为表
现及其形成机理。

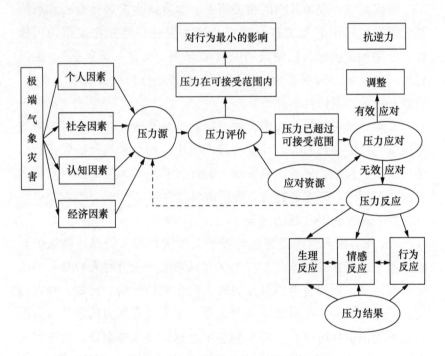

图 4-1　改进的 ISR 压力模型

根据改进的 ISR 压力模型对极端气象灾害社会心理风险的识别
过程如图 4-2 所示。

图 4-2　极端气象灾害社会心理风险识别过程

三 极端气象灾害社会心理风险源识别

Stevan E. H. (1989) 提出了一种关于灾害影响的资源保护理论（Conservation of Resources），该理论认为人们重要资源的受损程度及把这种损失最小化的能力决定了人们所承受的压力的大小。这些资源包括个人能力、社会资源、金钱、时间和知识等。根据改进的 ISR 压力模型，极端气象灾害的发生对个人因素、认知因素、社会因素和经济因素等资源造成一定程度的破坏，让灾民产生压力感，从而影响人们的心理健康，使灾民产生一系列社会心理行为反应。因此，在对相关文献归纳总结和极端气象灾害实际案例分析的基础上，本章基于改进的 ISR 压力模型对极端气象灾害心理风险源进行识别，得出主要有以下几种风险因素，如表 4 - 1 所示。

表 4 - 1　　　　　　　　极端气象灾害社会心理风险源

社会心理风险源	风险源具体内容
个人因素	身体受损、亲人失去、自身价值观冲突、灾害知识的掌握情况和灾害经历的影响、个体脆弱性（年龄、性别等）
社会因素	社会关系网络、人际关系、社会信任、政府采取的措施
认知因素	灾害发生时对人们感官的刺激、有关部门发布的灾害信息、谣言
经济因素	房屋倒塌、经济损失、失业、公司倒闭、负债
压力反应	生理反应、情绪反应、行为反应

（一）个人因素

极端气象的发生会使人身体受到损伤甚至死亡，如台风灾害中被压在建筑物下面的受害者不得不截肢来保全生命，这时他们的个体形象受到了损伤，会很容易把自己归为非正常人，感到抑郁。此外，有些人在灾害中失去了亲人从而使他们的一些恐惧、失落、焦虑、悲伤等情绪无法倾诉，而这些情感会在人们的潜意识中徘徊，带入到人们的现实生活中，从而妨碍了与他人的交流。而人们又十分想得到他人的安慰，这种自身价值观的冲突就是一个非常重要的压力源。除此之外，年龄、性别、居住地区、个人特质也是影响心理状态的重要因素（赵丞智等，2001；Akihiro Nishio，2009；Walter Cannon，1932），许多灾害实例中女性更易产生 PTSD。个体的能力和知识也会影响人们对灾害的压力评价，个体掌握的灾害知识越多、应对灾害的能力越强，心理压力就越小。当灾害应对知识掌握不够时，个体面对灾害往往会不知所措，从而产生恐慌心理。但是某些经历也会加剧人们对灾害的恐惧感，唤起人们已有的痛苦记忆，使人们再次面对灾害时高度警觉和过度应激，做出非理性行为。

（二）社会因素

有关社交网络的研究表明，人是生活在由错综复杂的"弱联结"或"强联结"组成的社会结构中的，个体生活在一张"看不见的网"里面。个体的心理行为都会受到所在组织、群体的人际关系网络影响和控制（Walter Cannon，1932）。而极端气象灾害的发生往往会使"这张网"破坏，对人们心理产生影响。研究表明，社会支持系统所能提供的救援物资和心理干预的数量和及时性决定了受灾群众能否从心理创伤和恐慌情绪中恢复过来（余承君等，2010）。除此之外，灾害发生后的社会状况包括交通秩序、社会秩序和政府采取的措施等情况也会对人们的心理产生巨大影响。

（三）认知因素

灾害事件对个体心理行为产生的影响会直接体现在人们的认知过程中，这些认知因素的影响主要是通过灾害信息的加工过程。极端气象灾害发生时往往伴随着对人的感官强烈的刺激，如洪涝灾害巨大的洪水声、房屋倒塌。根据风险—信息—行为理论，人们在感知到风险的情景下会搜集各种相关信息，如官方发布的各种灾害信息（灾害本身的影响范围、强度和持续时间等）、谣言等，然后人们会用已有的知识对这些信息进行整合加工并产生对灾害的知觉，形成风险认知。这些信息同时会进入短期记忆甚至长期记忆系统，当有关灾害的负面信息接收过多之后，个体就容易产生消极归因、幸福感下降、失落、恐惧等心理感受。个体恐惧加剧之后会形成群体恐惧，容易发展成为社会失稳。

（四）经济因素

极端气象灾害的发生会造成房屋倒塌、道路破坏、电力及电信网络受损等巨大经济损失，也会对国家的经济环境产生影响，使许多公司造成严重的经济损失而进行裁员，甚至会使公司负债或倒闭，这对于公司创始人是一种巨大的压力源。失业会给人们带来经济压力和心理压力，失业后人们的物质基础遭到破坏。除此之外，工作给人们带来的社会身份、地位和个人认同感也受到影响，这使人们心理健康会受到直接影响。章志红等（2012）采用焦虑自评量表对 2010 年江西抚州水灾被临时安置的灾民的焦虑状况进行评估，发现洪灾后灾民普遍存在压力感，而经济困难是最主要的因素，年龄较大者更易焦虑。

（五）压力反应

根据改进的 ISR 压力模型，人们经历了自然灾害这种重大压力事件后会产生一系列的反应，首先是生理反应，如头痛、呼吸困难、心血管功能紊乱和免疫力下降等症状。如果这些生理反应持续时间较长，灾民就会对灾害更恐惧，可能认为自己会面临死亡，进而表现出一些非理性行为。其次是心理反应，如失落、抑郁、对朋友变得冷淡等，如果这些心理反应得不到有效缓解，人们可能会产生自杀、PTSD 等风险。最后是行为反应，如逃避、工作缺席迟到、与人争吵等，这些行为反应会使人际关系受到影响，很容易给人带来孤独寂寞和无助的风险，严重时会发生群体性事件，进而对社会稳定与秩序构成巨大威胁。因此，这些压力反应是一种隐性的社会心理风险源，具有较高的隐蔽性。

四　极端气象灾害社会心理风险应对资源识别

由改进的 ISR 压力模型可知，当人们意识到压力源存在时就会利用已有的知识对其理解或凭自己的直觉对压力进行评价，进而判断自己能否应对或采取何种措施应对，但在这个过程中受应对资源的限制和约束。社会心理学研究表明，人类社会思维的基本依据是图式，它是人关于自身经验的理论，是人脑中的认知结构和各种信息按不同主题组织在一起的网络（王沛，2002），这些自身经验和各种信息就是一种应对资源。当人们所遇到的压力能够在已有的图式中融合时心里就不会产生冲突，这时压力事件对人们的影响比较小，人们可以很好地适应。但当人们遇到的压力超过了人们的图式融合范围时，人们就会产生压力感。由此可知，应对资源可以影响社会心理风险的评价结果，对社会心理风险的应对资源进行识别非常重要。

应对资源是指个体、群体、组织和环境的某些稳定特征，能够积极或消极地调节个体的压力反应，有助于人们进行有效压力管理、提高压力应对能力。本章根据文献和实地调研，将极端气象灾害社会心理风险应对资源分为个体资源和社会资源，如表4－2所示。

表4－2　　　　　　　极端气象灾害社会心理风险应对资源

社会心理风险应对资源	应对资源具体内容
个体资源	自我效能、信念、个人特质、性别、年龄
社会资源	精神和物质支持、政府援助、亲人安慰

（一）个体资源

个体资源是个体面对环境变化时仍能保持不变的一些特征。这些个体资源包括自身的经历、灾害知识的能力、自我效能、信念、性别、年龄、个人特质等。个人所拥有的资源不同，对自然灾害的理解和态度也不同。在应激过程中，拥有乐观心态的人能够充分利用周围资源应对压力，在应对压力过程中虽然可能会出现恐慌心理，但是仍有足够的自制力来控制情绪，不会产生非理性行为。然而消极悲观的人在面对危险时往往会不知所措，盲目模仿他人的行为，并容易产生情绪，在这种情形下群体情绪控制力和机体活动水平会降低，群体易产生不平衡心理和敌对情绪，进而引发群体性冲突事件。

（二）社会资源

社会资源是指当个体产生压力时社会环境中能够有效减轻压力

的稳定特征。社会资源的研究目前主要集中在社会资本（social capital）的作用上，其中最重要的一个方面就是社会支持。在应对压力的过程中，社会支持起到的作用主要有两个方面：一是对当事人给予物质上的帮助，增加应对压力的物质条件，比如灾害发生后政府和社会爱心人士向灾区送去救灾物资；二是给当事人精神的支持，帮助当事人分析压力的强度，一起策划应对方式，使当事人不感到孤独无助，从而增强应对压力的信心，稳定情绪。

五 极端气象灾害社会心理风险表现形式识别

根据改进的 ISR 压力模型对极端气象灾害的社会心理风险表现形式及结果进行识别，得到社会心理风险的表现形式及结果，如表4－3所示。

表4－3　　极端气象灾害社会心理风险表现形式及结果

社会心理风险表现形式	社会心理风险的具体表现结果
有效应对压力，可以在压力下复原和成长	短期内从灾后悲伤情绪中恢复到灾前状态、为其他灾民提供帮助、灾后正向适应
无效应对压力	生理风险：呼吸急促、心慌、体温和血压升高、身体机警性提高、心跳加快
	情绪风险：恐惧、愤怒、暴躁、焦虑、抑郁、麻木、抑郁、内疚、易发脾气、悲观、敌对情绪
	行为风险：做噩梦、梦见与灾害有关的事情、注意力不集中、逃避、争吵、群体性冲突
社会心理风险可能结果：无法适应新的生活、自杀、犯罪、身心患病、对人冷漠	

（一）在压力下复原和成长

根据改进的 ISR 压力模型，当极端气象灾害对人们造成的压力在可接受范围内时，人们能很好地适应，几乎没有压力感，这时社会心理风险几乎为零。但当压力超过可接受范围时，人们感受到压力的同时会采取各种措施来应对压力，如果可以有效应对压力，那么人们就会在挫折面前表现出坚忍不拔、顽强不屈的抗逆力（resili-ence）品质，并且经历挫折之后能够进一步成长。Werner（1989）在夏威夷通过20多年的跟踪研究发现，同样面对长期贫困、家庭破裂等不幸事件下的儿童，仍有30%的儿童能够度过青春期并能积极面对家庭和校园生活，而且实现了其人生目标。Bonanno等（2004）也发现人们在面对亏损、创伤和生活中的不幸事件时仍能表现出一种积极的情绪和较好的韧性，能够很好地适应新的生活。2013年"菲特"台风袭击余姚市时，有些受灾者也遭受了巨大的经济损失和精神打击，但是他们仍能够从悲伤情绪中走出来去帮助其他受灾者，这些现象都说明极端气象灾害虽然给人们带来了巨大的损失，但是仍有一些人可以很好地适应灾害，表现出抗逆力的品质。Rich-ardson G. E.（2002）探讨了人们在面对逆境时是如何形成抗逆力，如何重新适应生活，并提出了抗逆力过程模型，如图4-3所示。当灾害事件发生时，原本处于平衡状态的身心和精神遭受打击，身心状态经历了瓦解和重新整合阶段，由于保护性因素的差异，不同个体面临灾害后形成的抗逆力的程度不同，抗逆力是一个心理适应过程，是处于不断变化和发展中的，具有动态性。

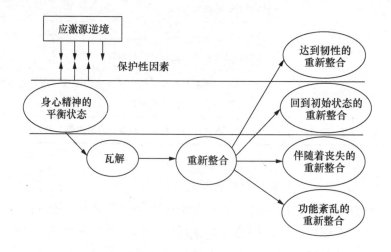

图4-3 抗逆力的过程模型

（二）无效应对压力的风险表现形式及后果

根据改进的 ISR 模型可知，人们在无效应对压力时会产生很多方面的反应，这些反应就是社会心理风险的表现形式。极端气象灾害社会心理风险无效应对的表现形式主要有以下几种。

1. 生理风险

人是一个有机的整体，人脑中的心理活动直接依赖于脑神经的生物化学反应，人们的心理伤害会在生理上表现出异常。目前已有大量的心理生理证据显示，在压力情景下，交感神经支配肾上腺分泌肾上腺素和副肾上腺素，这些激素促进新陈代谢，释放储存的能量，会出现呼吸急促、心率增加、心跳加快、心慌、身体的机警性提高，体温和血压升高等反应，这种反应称为急性应激障碍（Acute Stress Reaction）。在频繁重复出现上述情况时，就会导致一些疾病，如癌症、心脏病等。赵国秋（2006）在《心理压力与应对策略》中给出了压力和疾病之间的关系公式为：疾病 = S × C × F，其中 S = 情感压力源；C = 个人压力、管理方式、健康的整体状态；F = 其他因素，如环境、基因等。

2. 情绪风险

极端气象灾害的发生使人们赖以生存的物质和精神条件在瞬间失去，人们的心理急剧恶化，会出现一系列的情绪和情感波动。在灾害初期，人们主要的情绪反应是恐慌、惧怕、悲痛，随着人们对自然灾害这种压力的应对，心理和生理资源被大量消耗，个体变得比较脆弱、敏感，一些周围环境的微小刺激就会引发个体强烈的反应，如焦虑、悲伤、愤怒、失落、无助、麻木和抑郁等。但当自然灾害持续时间比较长时，人们对压力应对的心理资源就几乎被耗尽，就进入压力应对的衰竭阶段。如果这一阶段压力源基本消除或个体的适应性基本形成，人们经过一段时间的调整，创伤心理会慢慢康复。但是如果压力源依然存在，个体不能有效地适应，容易出现重新体验、回避性行为和警觉等症状的创伤后应激障碍，甚至患心理疾病、精神出现异常。除此之外，人们对极端气象灾害恐慌情绪很容易引起群体恐慌，严重影响社会的稳定。

3. 行为风险

根据压力管理理论，人们无效应对压力时对周围事物的认知理解会出现异常，加上生理反应和情绪反应，很容易促使人们出现行为异常的风险。在认知行为方面表现为犹豫不决、短期记忆丧失、注意力不集中等；在沟通行为方面表现为与人交流容易失控、具有攻击性、自暴自弃、群体失范等，同时由于灾后生存物质资源的限制性，不同群体为了满足自己的各种需求，可能会为了争夺资源而发生肢体冲突或群体性冲突，升级为群体性事件，这时就需要政府等部门化解群体性事件，若处理不当，这种行为风险会进一步演化为更严重的暴力事件。

以上三种风险是相互影响、相互作用的，长期得不到有效缓解可能会出现自杀，身心患病，违规、违德、违法行为。

第二节　极端气象灾害社会心理风险影响因素实证研究

通过上一节的风险识别研究可知，有些灾民在灾后能够迅速恢复，而有些灾民会面临情绪风险和行为风险，不同群体之间的心理风险具有明显的不平衡性，并基于改进的 ISR 压力模型分析了这种平衡性的原因，但缺乏量化研究。因此，本节将根据前面的风险识别研究和改进的 ISR 压力模型和风险评估理论，以湖南怀化极端气象引发的大暴雨洪涝灾害为研究对象，运用调查问卷和访谈的方法对 258 名灾民的社会心理风险差异性的具体原因进行量化研究，为灾后心理干预提供决策依据，为探讨社会心理风险扩散演化机理奠定基础。

一　理论模型与相关假设

根据风险评估理论，极端气象灾害事件本身并不必然导致风险，而是与风险承受体的脆弱性和暴露性叠加后才产生灾害风险，即 Risk = H × V × E，其中 H（Hazard）是灾害本身的危险性；V（Vulnerability）是脆弱性，指系统受外界干扰造成损失的可能性，主要包括人口特质因子、社会情景等；E（Exposure）是暴露性，指与人类生存密切相关的环境资源、经济财产、文化等处于易受灾害影响的地方（倪长健，2013；薛澜等，2012）。但极端气象灾害不同于其他风险事件，其危险性（如灾害本身持续的时间、灾害的强度等）是人类无法控制的，要将灾害风险降低到最小就必须控制 V 和 E 两个方面。基于以上分析，本章在 H 已知情景下（H 一般为重大）讨论 V 和 E 两个方面对灾害社会心理风险的影响，薛澜等（2012）学者分析了 V 和 E 主要取决于灾民的收入、社会文化特征和教育水平等因素，Henderson L. J.（2004）也发现受灾群众的年龄、教育情况、社会经济压力、基础设施、国家经济资源等因素决定了灾害风险水平的高低。此外，极端气象灾害社会心理风险的形成过程就是一个压力反应的过程，风险大小受压力源、压力评价和应对资源的影响。因此，基于上述分析并运用改进的 ISR 压力模型，本章提出了灾民社会心理风险影响因素概念模型，如图 4 - 4 所示。

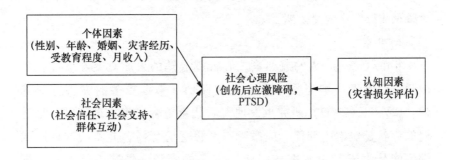

图 4 - 4　灾民社会心理风险影响因素概念模型

本章采用创伤后应激障碍（PTSD）作为灾民社会心理风险的代表，因为 PTSD 是灾后最常见的心理风险，并且包括三种典型症状：重新体验、回避、警觉性提高，这三种典型症状涵盖了灾民的生理风险、情绪风险和行为风险（向莹君等，2010）。根据已有文献和第三章的识别研究，本章将 PTSD 作为因变量，将性别、年龄、婚姻、灾害经历、受教育程度、月收入水平、社会信任、社会支持、群体互动和灾害损失评估作为自变量，分析其对暴雨洪涝灾害灾民创伤后应激障碍的影响，根据以上模型对各变量进一步解释并提出相关假设。

（一）个体因素与 PTSD

1. 性别

许多灾害研究已表明无论是发展中国家还是发达国家，不论受灾群众年龄大小，灾后心理健康状况都具有明显的性别差异性，女性受灾群众相对于男性受灾群众灾后更加脆弱，更容易产生恐惧、焦虑、抑郁等心理症状（Zhang Z. et al.，2011）。Dell Osso L.（2013）采用创伤损失频谱自我报告（TALS – SR）对 2009 年意大利拉奎拉地震中的 939 名直接受害者和 549 名间接受害者的 PTSD 情况进行评估，发现女性比男性得分更高。由此可见，在重大自然灾害情景下，受灾群众的心理健康状态具有明显的性别差异性。为此，本章提出以下假设：

H1a：暴雨洪涝灾害中性别对灾民 PTSD 有显著影响，且女性比男性的 PTSD 症状更为明显。

2. 年龄

年龄代表一个人的成熟度，心智越成熟的人面对突发事件就越冷静，年老者一般有更丰富的人生阅历、掌握更多的灾害应对知识。Kar N.（2009）研究也发现灾后儿童更容易患心理问题，最普遍的症状是焦虑、抑郁、应激障碍和再适应障碍，儿童的这种脆弱性可能是由于其没有准备好应对灾害的资源、经验不够丰富。据此，本章拟假设如下：

H1b：年龄越大灾害应对能力越强，年龄与 PTSD 呈负相关。

3. 婚姻

许多研究指出已婚者灾后患有心理疾病的概率更大，这是因为灾害发生的各个阶段都需要及时关注家人，承担更多的家庭责任，承受着更大的精神与经济压力，灾后还要关注孩子的上学教育问题，因此发生心理问题的可能性更大（Norris F. H.，2002）。据此，本章提出以下假设：

H1c：暴雨洪涝灾害中，婚姻状况对灾民 PTSD 有显著影响，且已婚者 PTSD 症状比未婚者 PTSD 症状明显。

4. 灾害经历

个体经历灾害次数越多对灾害就更加了解，应对灾害能力就越强，就越能够冷静地思考和决策，减小灾后恐惧感，最大限度地降低灾后损失，减小灾后社会心理风险压力源。相关实验也表明，在危机状态和高压力下的火灾事故中，经验丰富的消防人员能够更有效地应对灾害，灾后心理创伤也较小。基于此，本章提出以下假设：

H1d：灾害经历能够提高灾民的抗压能力，灾害经历与灾民 PTSD 呈显著负相关。

5. 受教育程度

受灾群众的教育程度往往会影响其对灾害知识的理解和认识，教育程度越高者对自然灾害知识的理解掌握程度越深，对灾后各种信息的识别能力更强，灾害发生时越容易保持理性和冷静，发生非理性行为的概率就会越小，心理创伤也越小。假设如下：

H1e：受教育程度越高 PTSD 症状越轻，受教育程度与灾民 PTSD 症状呈显著负相关。

6. 月收入水平

根据改进 ISR 压力模型可知，经济因素是极端气象灾害压力源之一，也是影响社会脆弱性的重要因素之一，经济收入越高的个体拥有更多的物质资源，比低收入者有更强的抗灾能力。同时，在灾害预警与撤离时能够更及时获取灾害信息，有更强的逃难能力（Cutter S. L. et al.，2003）。据此，提出以下假设：

H1f：月收入水平越高灾民应对灾害能力越强，PTSD 症状越小，灾民月收入水平与 PTSD 呈显著负相关。

（二）社会信任与 PTSD

信任是人们社会生活的"润滑剂"，是维系社会正常运行的社会制度之一，高水平的信任可以降低人们交易成本、促进人们合作，也是重要的社会资本组成部分（Putnam et al.，1993）。社会信任对人们灾后健康具有重要影响，Giordano G. N.（2011）调查了英国 7994 人从 2000—2007 年的心理健康变化状况，并研究其与社会资本的关系，结果表明对他人的信任水平与心理健康呈显著正相关。赵延东（2007）对一年中遭受严重自然灾害的 19008 个家户的灾后心理健康恢复情况进行研究发现，灾区的社会信任对心理健康恢复具有重要作用。社会信任问题也是社会放大动力学的重要组成部分，不信任发挥的作用是提高人们对风险的认知、强化公众对风险信号做出的行为反应、加强风险在主观上的不可接受性，同时激发以减低风险为目的的政治激进主义（Pidgeon N. et al.，2010）。据此，本章拟假设如下：

H2：社会信任水平显著影响灾民 PTSD，且社会信任水平与PTSD 呈负相关。

（三）社会支持与 PTSD

根据社会资源（social resource）学说，自然灾害发生后，受灾群众可以通过自己的社交网络来获取正式或非正式的资源来应对灾害、恢复灾后正常生活。Cullen（1994）认为个体从社会网络、政府或亲戚朋友那里获得的精神或物质帮助就是社会支持。越来越多的研究者发现灾后社会支持水平与灾后心理症状具有很大相关性（Norris F. H.，2002），较高的社会支持资源可以提高人们的抗逆力，一般人群研究一致表明较高水平的社会支持尤其是认知社会支持水平可以有效应对压力事件导致的心理疾病（Brewin C. R. et al.，2000）。基于上述分析，本章拟假设如下：

H3：社会支持水平越高，灾民 PTSD 发病率越低，社会支持与PTSD 呈负相关。

（四）群体互动与 PTSD

受灾群众并不是孤立的个体，他们是生活在一定群体中的个体，自然灾害具有突发性，个体在这种紧急情况下要做出迅速反应，但由于恐慌而不知所措，这时个体就会模仿周围群体的行为，产生从众行为。另外，根据情绪传染理论和暗示模仿理论（吴开松等，

2014），某些个体的恐慌情绪又会被参与群体的其他个体感知到，这种恐慌情绪就会在群众中蔓延开来，容易形成群体性恐慌。因此，个体心理行为状况受到周围人群的心理行为影响，本章提出如下假设：

H4：灾后周围人群对灾民心理行为有显著影响，且群体互动水平与 PTSD 呈正相关。

（五）灾害损失评估与 PTSD

许多研究证实受灾群众的 PTSD 症状与对威胁本身的评估和未来损失的认知评估相关，Bryant R. A.（2007）对经历过创伤性事件的儿童 4 周后的急性应激障碍（ASD）症状和 6 个月后的 PTSD 症状进行评估，发现经历创伤性事件最初的负面认知评估对慢性 PTSD 症状严重性有着最强的影响。Ehlers 和 Clark（2000）针对受灾群众灾后普遍症状 PTSD 提出了认知模型，发现受灾群众对创伤性事件本身及其后果的评估对 PTSD 症状影响很大，对创伤性事件的负面评价可能会导致对事件后果和负面体验的放大化感知。基于上述分析，本章做出如下假设：

H5：对灾害损失认知评估水平越高，PTSD 症状越明显，灾害损失认知评估与 PTSD 呈显著正相关。

二　问卷设计

本书遵循问卷设计的要求，严谨设计了各变量的测量问卷，本问卷主要包括两部分内容，一部分是调查对象的基本信息和 PTSD 影响因素所涉及构念的基本题项；有关 PTSD 影响因素构念的题项设计基本是沿用已有研究中被验证的量表，保证问卷的信度和效度，同时根据本章洪涝灾害具体研究内容进行适当修改，并与相关领域专家多次讨论最终确定正式问卷。另一部分是灾民的创伤后应激障碍自评量表，该量表采用成熟量表（PCL - C），共有 17 个题项，每个题项按严重程度由轻到重从 1 到 5 打分，依次表示为"一点也不"、"有一点"、"中度的"、"相当程度"和"极度的"，累计各项的总分（17—85），分数越高，代表 PTSD 发生的可能性越大，本量表已多次用于灾后 PTSD 测量，并具有良好的信度和效度

（Weathers F. W. et al., 1993），本章在保持原有量表的题项和含义的基础上对题项的描述进行适当修改使其更加符合本书的情景。

对问卷题项进行设置时，大多数影响因素属于可测变量，可以直接用一个题项测量，PTSD 影响因素所涉构念设置了多个题项进行测量。其中，对性别、婚姻状况等属性变量设置 0—1 变量；对年龄、受教育程度、灾害经历和月收入水平按等级顺序分组，设置为定序分类变量。其他所有题项采用李克特五分量表，从非常不同意（1）到非常同意（5）。相关变量具体说明如表 4-4 所示，PTSD 影响因素所涉构念的具体测量题项的内容及来源如表 4-5 所示。

表 4-4 　　　　　　　　　　　　相关变量具体情况描述

变量	含义	备注
x_1	性别	男性 =1，女性 =0
x_2	年龄	18—30 岁 =1，31—43 岁 =2，44—56 岁 =3，57—69 岁 =4，>69 岁 =5
x_3	婚姻状况	已婚 =1，未婚 =0
x_4	灾害经历	根据灾害经历次数由少到多分别赋值 1—5
x_5	月收入水平/元	1000 元以下 =1，1001—2000 元 =2，2001—3000 元 =3，3001—4000 元 =4，4001 元及以上 =5
x_6	受教育程度	小学及以下 =1；初中 =2；高中及以上 =3
x_7	社会信任	
x_8	社会支持	非属性变量，采用李克特五分量表进行评定，从非常不同意
x_9	群体互动	到非常同意，分别采用 1—5 表示
x_{10}	灾害损失认知评估	
y	创伤后应激障碍	采用创伤后应激障碍检查表（PCL-C）修改版

表 4-5 　　　　　　　　　　　　构念题项具体内容及来源

变量	测量题项	来源
社会信任（ST）	ST1 我认为大多数人都是值得信赖的	Gefan（2000）
	ST2 我对政府的应急管理能力非常信任	
	ST3 我对各媒体的有关灾害情况的报道非常信任	

续表

变量	测量题项	来源
社会支持 （SS）	SS1 洪灾发生后我得到了充足的生活用品等物质资源的援助	Cullen （1994）
	SS2 洪灾发生后他人给予了我很大的精神支持	
群体互动 （GI）	GI1 灾后我经常参与到洪灾事件的讨论中	孙多勇 （2005）
	GI2 周围人群的恐慌行为对我影响非常大	
灾后损失评估 （DA）	DA1 洪涝灾害会对我的精神造成很大打击	Bryant R. A. （2007）
	DA2 洪涝灾害给我造成了很大的经济财产损失	

三 数据收集与分析

（一）样本收集及描述性分析

2014 年湖南省怀化地区普降大到暴雨，局地大暴雨，据初步统计，强降雨使该市辰溪、溆浦、麻阳、中方等 6 个县（区）84 个乡镇受灾，受灾人口 40.3 万人，转移人口 5030 人，倒塌房屋 63 间，受灾农作面积 28.8 万亩，因灾死亡 3 人。课题组 2014 年 7—8 月到湖南省怀化地区麻阳县、中方县、溆浦县等 5 个乡镇采用随机抽样方法发放问卷 350 份，回收 309 份，回收率为 88.3%，剔除无效问卷 51 份，得到有效问卷 258 份，问卷有效率为 83.5%，本章采用 SPSS 19.0 数据分析软件对问卷进行数据处理分析。灾民基本特征如表 4-6 所示，各变量的描述性统计结果如表 4-7 所示。

表 4-6　　　　　受访灾民的基本情况统计（N=258）

样本基本特征	分类标准	有效样本数	有效百分比（%）
性别	男	151	58.5
	女	107	41.5
年龄	18—30 岁	40	15.5
	31—43 岁	53	20.5
	44—56 岁	66	25.6
	57—69 岁	56	21.7
	69 岁以上	43	16.7

续表

样本基本特征	分类标准	有效样本数	有效百分比（%）
婚姻	未婚	93	36.0
	已婚	165	64.0
灾害经历	非常少	62	24.0
	比较少	76	29.5
	一般	52	20.2
	比较多	42	16.3
	非常多	26	10.1
月收入水平	1000 元及以下	88	34.1
	1001—2000 元	62	24.0
	2001—3000 元	51	19.8
	3001—4000 元	41	15.9
	4001 元及以上	16	6.2
受教育程度	小学及以下	78	30.2
	初中	82	31.8
	高中及以上	98	38.0

表 4 – 7   各变量描述性统计分析（N = 258）

变量名及含义	极小值	极大值	均值	标准差
x_1 性别	0	1	0.59	0.494
x_2 年龄	1	5	3.03	1.309
x_3 婚姻	0	1	0.64	0.481
x_4 灾害经历	1	5	2.59	1.288
x_5 月收入水平	1	5	2.36	1.268
x_6 受教育程度	1	3	2.08	0.824
x_7 社会信任	1	5	3.20	0.85
x_8 社会支持	1	5	2.93	1.008
x_9 群体互动	1	5	3.24	0.963
x_{10} 灾害损失认知评估	1	5	3.14	0.911
y PTSD	28	62	44.29	8.974

通过样本和变量的描述性统计分析可知，样本不存在明显的系统偏差，分布比较均匀，统计结果可靠。由表4－7可得258名灾民的 PTSD 均值为44.29（大于38），表明灾民普遍存在 PTSD 症状，同时 PTSD 的标准差为8.974，表明不同个体之间的 PTSD 症状具有明显的差异。

（二）问卷信度和效度分析

信度（reliability）是衡量量表稳定性和可靠性的重要指标，目前评价信度最常用的方法是评价问卷的内部一致性，李克特量表中常用 Cronbach's α 系数来衡量问卷的内部一致性和可靠性，Cronbach's α 系数值越大，测量问卷构念的内部一致性越好，量表的信度就越好；当 Cronbach's $\alpha \geqslant 0.7$ 时，说明测量量表具有较好的内部一致性和信度；而当 $0.35 \leqslant$ Cronbach's $\alpha < 0.7$ 时，量表构念的内部一致性一般，但其信度仍在可接受范围；Cronbach's $\alpha < 0.35$ 时，表明量表构念的内部一致性较低，量表的信度较低。本章采用 Cronbach's α 系数计算，结果如表4－8所示，总问卷具有良好的信度，量表符合研究要求。

表4－8　　　　　　　　　　总问卷可靠性统计分析

Cronbach's α	Item
0.819	32

效度（validity）是指实际的测验分数能够在多大程度上解释某一心理特征或行为。行为及社会科学研究中检验效度的最常用方法是因素分析。本章采用学术上通行的 KMO 样本测度和 Bartlett 球体检验判断各变量是否适合进行因素分析。根据 Kaiser（1974）的观点，KMO 的值小于0.5时不适合做因素分析，进行因素分析的普通准则至少在0.6以上。由表4－9可知，本章 KMO 的值为0.692，满足因素分析的基本条件，表明变量间具有共同因素存在，变量适合进行因素分析。

表 4 - 9   KMO 和 Bartlett 球体检验

取样足够度的 Kaiser – Meyer – Olkin 度量		0.692
Bartlett 球体检验	近似卡方分布	1814.554
	自由度	105
	显著性	0.000

此外，Bartlett 球体检验的 χ^2 为 1814.554，自由度为 105，达到 0.05 的显著水平，可拒绝虚无假设，即拒绝变量间的净相关矩阵不是单元矩阵的假设。若净相关矩阵是单元矩阵则表示变量间的净相关系数均为 0，变量的数据适合进行因素分析。此处的显著性概率 p = 0.000 < 0.05 拒绝虚无假设，接受净相关矩阵是单元矩阵的假设，代表总体的相关矩阵有共同因素存在，适合进行因素分析，问卷具有较好的效度。

（三）PTSD 影响因素的相关性分析

为了分析各变量之间的相关关系及强弱关系，识别各变量间是否存在严重的多重共线性问题，本章运用双变量分析法对因变量 y（PTSD）的各影响因素进行相关性分析，相关系数矩阵如表 4 - 10 所示。

由表 4 - 10 统计分析结果可知，x_1 与 y 相关系数为 0.106（p = 0.089 > 0.05），表明性别与 PTSD 不显著；x_2 与 y 相关系数为 0.574（p < 0.01），说明年龄与 PTSD 显著正相关；x_3 与 y 相关系数为 0.414（p < 0.01），可知婚姻与 PTSD 显著正相关；x_4 与 y 相关系数为 0.307（p < 0.01），说明灾害经历与 PTSD 显著正相关；x_5 与 y 相关系数为 - 0.629（p < 0.05），可知月收入水平与 PTSD 显著负相关；x_6 与 y 相关系数为 - 0.625（p < 0.05），表明受教育程度与 PTSD 显著负相关；x_7 与 y 相关系数为 - 0.374（p < 0.05），说明社会信任与 PTSD 显著负相关；x_8 与 y 相关系数为 - 0.579（p < 0.05），可知社会支持与 PTSD 显著负相关；x_9 与 y 相关系数为 0.518（p < 0.01），表明群体互动与 PTSD 显著正相关；x_{10} 与 y 相关系数为 0.863（p < 0.01），表明灾害损失认知评估与 PTSD 显著正

表4-10

研究变量的相关系数矩阵（N=258）

变量		性别 (x_1)	年龄 (x_2)	婚姻 (x_3)	灾害经历 (x_4)	月收入水平 (x_5)	受教育程度 (x_6)	社会信任 (x_7)	社会支持 (x_8)	群体互动 (x_9)	灾害损失认知评估 (x_{10})	PTSD (y)
性别 (x_1)	Pearson 相关性	1	0.071	0.023	0.135*	0.140*	-0.026	-0.266**	-0.349**	0.064	0.160**	0.106
	Sig.（双侧）	—	0.258	0.708	0.030	0.024	0.679	0.000	0.000	0.307	0.010	0.089
年龄 (x_2)	Pearson 相关性	0.071	1	0.564**	0.620**	-0.664**	-0.482**	0.031	-0.242**	0.319**	0.670**	0.574**
	Sig.（双侧）	0.258	—	0.000	0.000	0.000	0.000	0.623	0.000	0.000	0.000	0.000
婚姻 (x_3)	Pearson 相关性	0.023	0.564**	1	0.375**	-0.418**	-0.283**	0.046	-0.085	0.248**	0.458**	0.414**
	Sig.（双侧）	0.708	0.000	—	0.000	0.000	0.000	0.458	0.172	0.000	0.000	0.000
灾害经历 (x_4)	Pearson 相关性	0.135*	0.620**	0.375**	1	-0.545**	-0.351**	-0.029	0.006	0.206**	0.494**	0.307**
	Sig.（双侧）	0.030	0.000	0.000	—	0.000	0.000	0.646	0.923	0.001	0.000	0.000
月收入水平 (x_5)	Pearson 相关性	0.140*	-0.664**	-0.418**	-0.545**	1	0.625**	0.226**	0.340**	-0.345**	-0.627**	-0.629**
	Sig.（双侧）	0.024	0.000	0.000	0.000	—	0.000	0.000	0.000	0.000	0.000	0.000
受教育程度 (x_6)	Pearson 相关性	-0.026	-0.482**	-0.283**	-0.351**	0.625**	1	0.213**	0.402**	-0.455**	-0.551**	-0.625**
	Sig.（双侧）	0.679	0.000	0.000	0.000	0.000	—	0.001	0.000	0.000	0.000	0.000
社会信任 (x_7)	Pearson 相关性	-0.266**	0.031	0.046	-0.029	0.226**	0.213**	1	0.465**	-0.023	-0.281**	-0.374**
	Sig.（双侧）	0.000	0.623	0.458	0.646	0.000	0.001	—	0.000	0.718	0.000	0.000
社会支持 (x_8)	Pearson 相关性	-0.349**	-0.242**	-0.085	0.006	0.340**	0.402**	0.465**	1	-0.114	-0.467**	-0.579**
	Sig.（双侧）	0.000	0.000	0.172	0.923	0.000	0.000	0.000	—	0.067	0.000	0.000
群体互动 (x_9)	Pearson 相关性	0.064	0.319**	0.248**	0.206**	-0.345**	-0.455**	-0.023	-0.114	1	0.480**	0.518**
	Sig.（双侧）	0.307	0.000	0.000	0.001	0.000	0.000	0.718	0.067	—	0.000	0.000
灾害损失评估 (x_{10})	Pearson 相关性	0.160**	0.670**	0.458**	0.494**	-0.627**	-0.551**	-0.281**	-0.467**	0.480**	1	0.863**
	Sig.（双侧）	0.010	0.000	0.000	0.000	0.000	0.000	0.000	0.000	0.000	—	0.000
PTSD (y)	Pearson 相关性	0.106	0.574**	0.414**	0.307**	-0.629**	-0.625**	-0.374**	-0.579**	0.518**	0.863**	1
	Sig.（双侧）	0.089	0.000	0.000	0.000	0.000	0.000	0.000	0.000	0.000	0.000	—

注：* 表示在 $p < 0.05$ 水平（双侧）上显著相关；** 表示在 $p < 0.01$ 水平（双侧）上显著相关。

相关。各自变量与因变量的相关系数方向与本章提出的假设关系基本一致，同时得到各自变量之间呈现中低度相关（相关系数小于0.7），不存在明显的多重共线性问题，可以进行回归分析。

四 回归分析

（一）回归分析结果

为了验证性别、年龄、婚姻等10个自变量与因变量PTSD的相关性，本章采用强迫进入变量法（enter）将所有变量同时进入回归方程中，建立多元线性回归方程，即：

$$y = \beta_0 + \beta_i x_i + \varepsilon \tag{4-1}$$

其中，β_0为常数，$x_i(i=1,2,3,\cdots,10)$为10个自变量，β_i $(i=1,2,3,\cdots,10)$为自变量的相关系数，ε为随机误差项。

本章运用SPSS 19.0数据分析软件得到PTSD影响因素的回归分析结果，如表4-11所示。由回归分析结果可知，10个预测变量对PTSD有显著解释预测能力的变量共有8个，分别是"性别"、"婚姻"、"灾害经历"、"受教育程度"、"社会信任"、"社会支持"、"群体互动"和"灾害损失认知评估"，剔除不显著变量"年龄"和"月收入水平"，这与我们常识及以往研究有所不同，将在结果讨论部分对其原因详细解释，本章建立的回归方程模型如（4-2）式所示：

$$y = 34.336 - 1.326x_1 + 1.183x_3 - 0.942x_4 - 1.193x_6$$
$$- 1.179x_7 - 1.534x_8 + 1.275x_9 + 5.993x_{10} \tag{4-2}$$

将上述原始方程转化为标准化回归方程模型，如（4-3）式所示：

$$y = -0.073x_1 + 0.063x_3 - 0.135x_4 - 0.110x_6$$
$$- 0.113x_7 - 0.172x_8 + 0.137x_9 + 0.608x_{10} \tag{4-3}$$

（二）回归模型验证

回归模型建立后需要对模型的准确性及有效性进行验证。本章从模型方差、独立性、正态性、共线性等方面对回归模型进行验证。本章回归分析的方差摘要表如表4-12所示，回归模型中变异量显著性检验的F值为134.731，显著性检验的值Sig. = 0.000 <

0.05，表示回归模型整体解释变异量达到显著性水平。对回归模型进行汇总，如表4 – 13所示，10个预测变量与因变量的相关系数为 R = 0.919，决定系数 $R^2 = 0.845$，表示10个预测变量共可解释 PTSD因变量84.5%的变异量。

表4 – 11　　　　　　　　　PTSD影响因素回归分析结果

回归模型	非标准化系数		标准化系数 β	t	Sig.	共线性统计量	
	B	标准误差				容差	VIF
常量	34.336	2.079		16.514	0.000		
性别	– 1.326 *	0.578	– 0.073	– 2.294	0.023	0.620	1.612
年龄	0.355	0.306	0.052	1.158	0.248	0.324	3.187
婚姻	1.183 *	0.578	0.063	2.046	0.042	0.653	1.532
灾害经历	– 0.942 **	0.261	– 0.135	– 3.615	0.000	0.448	2.230
月收入水平	– 0.356	0.322	– 0.050	– 1.106	0.270	0.303	3.302
受教育程度	– 1.193 *	0.387	– 0.110	– 3.084	0.002	0.497	2.010
社会信任	– 1.179 **	0.328	– 0.113	– 3.597	0.000	0.637	1.570
社会支持	– 1.534 **	0.331	– 0.172	– 4.636	0.000	0.454	2.201
群体互动	1.275 **	0.290	0.137	4.402	0.000	0.648	1.543
灾害损失认知评估	5.993 **	0.434	0.608	13.815	0.000	0.323	3.092

注：* 表示在 p < 0.05 水平上显著相关；＊＊表示在 p < 0.01 水平上显著相关。

表4 – 12　　　　　　　　　　方差分析摘要

模型	平方和	自由度	平均平方和	F 检验	Sig.
回归	17488.626	10	1748.863	134.731	0.000
残差	3206.149	247	12.980		
总计	20694.775	257			

　　针对回归模型中是否存在自相关问题，本章用 Durbin – Watson 检验统计量进行检验，即对观察样本的独立性进行检验。DW 统计量值越接近2，表示相关系数越接近0，残差间无自我相关。本章中 DW = 2.374，残差间不存在自相关问题，样本是独立的，如表4 –

13 所示。用残差 P - P 图来验证样本是否服从正态分布，如图 4 - 5
所示，标准化残差值的累计概率点大致分布在一条由左下至右上的
45°直线的附近，因而样本观察值十分接近正态分布的假设。

表 4 - 13　　　　　　　　　　　　模型汇总

| 模型 | R | R^2 | 调整 R^2 | 标准估计的误差 | 更改统计量 | | | | | Durbin - Watson |
					R^2 更改	F 更改	df. 1	df. 2	Sig. F 更改	
1	0.919	0.845	0.839	3.603	0.845	134.731	10	247	0.000	2.374

用容忍度和方差膨胀系数（VIF）检验多元线性回归模型是否
有多重共线性问题。容忍度越接近于 0，多重共线性问题越严重；
方差膨胀系数（VIF）若大于 10，表示变量间有严重线性重合问题。
由表 4 - 11 可知，各个变量的容忍度都大于 0.3 且方差膨胀系数
（VIF）都小于 4，因此不存在多重共线性问题。通过以上验证可知
本章建立的回归模型是可靠的，满足回归分析的适用条件。

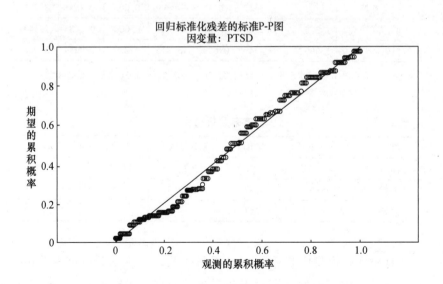

图 4 - 5　创伤后应激障碍（PTSD）P - P 图

（三）假设检验结果

根据本章的实证研究结果，本章研究假设大部分得到支持，但有少部分未得到验证，结果汇总如表4-14所示。

表4-14　　　　　假设检验的实证结果汇总

序号	研究假设	验证结果
H1a	暴雨洪涝灾害中性别对灾民PTSD有显著影响，且女性比男性的PTSD症状更为明显	接受
H1b	年龄越大灾害应对能力越强，年龄与PTSD呈负相关	拒绝
H1c	暴雨洪涝灾害中，婚姻状况对灾民PTSD有显著影响，且已婚者PTSD症状比未婚者PTSD症状明显	接受
H1d	灾害经历能够提高灾民的抗压能力，灾害经历与灾民PTSD呈显著负相关	接受
H1e	受教育程度越高PTSD症状越轻，受教育程度与灾民PTSD症状呈显著负相关	接受
H1f	月收入水平越高灾民应对灾害能力越高，PTSD症状越小，灾民月收入水平与PTSD呈显著负相关	拒绝
H2	社会信任水平显著影响灾民PTSD，且社会信任水平与PTSD呈负相关	接受
H3	社会支持水平越高，灾民PTSD发病率越低，社会支持与PTSD呈负相关	接受
H4	灾后周围人群对灾民心理行为具有显著影响，且群体互动水平与PTSD呈正相关	接受
H5	对灾害损失认知评估水平越高，PTSD症状越明显，灾害损失认知评估与PTSD呈显著正相关	接受

五　结果讨论与应对策略

从上述实证分析结果来看，年龄和月收入水平对PTSD的影响不显著。一方面是因为本章选取的研究对象都是18岁以上的成年人，成年人之间具有一定的同质性。另一方面虽然年老者经历丰富，但其文化程度往往较低，不能对灾害信息充分理解，不能有效应对灾害，并且年老者一般要关注家庭其他成员的基本生活状况，承担更多家庭责任，灾后会有较大压力感。本章调研对象都属于农村，灾民经济收入水平偏低，大部分在 2000 元以下，这样的经济水平根本无法弥补灾害造成的经济损失。极端气象灾害的发生往往伴随着强烈的感官刺激，如洪水巨大的冲击声、台风造成环境破坏等灾后一片狼藉景象都深深地印在人们脑海中，并给人们造成一定的恐惧感，而这种恐惧感是无法用金钱来缓解的。此外，极端气象灾害可能会使受灾群众的身体受到伤害，甚至亲人失去，这种心理的痛苦也是无法用物质来代替的，经济收入对心理创伤的缓解作用是非常有限的。因此，极端气象灾害发生后无论是贫困地区还是发达地区都要派出一些专业的心理工作者对受灾群众进行心理干预。

性别和婚姻状况对灾民的 PTSD 显著影响，且女性比男性 PTSD 症状明显，已婚者比未婚者 PTSD 症状明显。这是因为女性主要负责家里的日常生活，涵盖了衣食住行各个方面，而灾害的发生使人们的基本生活资源遭受损失，女性更易感知到，有更大的压力；此外，女性在应对灾害时有更大的脆弱性。而已婚者往往要照顾老人和小孩，灾后承受更大的精神和经济压力。

灾害经历和受教育水平与 PTSD 显著负相关，灾害经历越丰富，受教育水平越高，应对灾害的能力越高，能最大限度地降低灾后损失，同时由于经历丰富其心理图式内容更加完善，能够自我调节适应灾后生活。社会信任和社会支持水平对 PTSD 显著负相关，社会信任水平越高，灾民的风险认知和对风险事件的恐惧感与不确定性就会降低。社会支持水平给灾民直接提供了物质和精神帮助，可以及时弥补灾害损失，缓解灾民心理痛苦。

群体互动和灾害损失认知评估与 PTSD 显著正相关。灾害损失认知水平越高，风险认知水平就越高，压力感就会越强。群体互动与 PTSD 的这种正相关关系与已有研究不太一致，赵延东等学者（2007）认为社会网络可以加强灾民之间的互动，提供资源支持，降低灾民心理创伤，并且社会网络规模对灾后恢复有积极作用。而本书发现群体互动水平越高，灾民的心理创伤会越大，因为群体互动者之间具有很强的同质性，其价值观和行为准则具有相似性，相互依赖性很强，在灾害发生时更容易模仿他人的行为并且易受他人情绪影响，如果群体互动中有个体表现出恐慌情绪那么群体恐慌情绪就易被激发，遵循乔纳森提出的紧急规范理论（吴开松等，2014）。因此，灾后要对人口密度较高的地区及时进行心理辅导。

通过以上灾区调研资料和实证分析，本书提出以下极端气象灾害社会心理风险的应对策略。

（一）建立有针对性的个体与群体心理干预体系

通过以上实证研究可知，不同个体和群体灾后心理创伤程度不同。因此，在时间和资源有限的条件下，政府要采取有针对性的重点人群心理干预，这些重点人群分别是女性灾民、已婚者、文化程度较低者。另外，群体之间情绪具有传染性，要对人口密度较大的灾区，如临时安置区等进行重点心理干预。心理干预时可采用"心理评估"、"稳定情绪"、"放松训练与心理辅导"措施，先用完善的心理测量量表将灾民心理状况定量化，然后对灾民的激动情绪要予以理解和倾听，引导重点人群合理释放情绪。同时对灾民进行一些放松训练，开展一些社区活动和集体心理辅导讲座，对心理严重创伤者提供专业的心理干预人员。

（二）加强心理干预资源的整合，提高心理干预的有效性

通过实地调研发现目前灾区心理援助人员大部分是外来的社会志愿者或心理专家，对本地文化背景、生活方式及人们的情感表达方式缺乏深入了解，语言交流也存在一定障碍，需要较长时间才能与当地受灾群众建立信任关系，这会降低心理干预的效率和效果，甚至会错过最佳的心理援助时间，加重灾民心理问题。同时，实证分析证实社会信任对灾民心理健康水平有显著影响。因此，心理援助时需要提高灾民与心理干预人员之间的信任度。为此，国家应该提前投入一定资金鼓励当地医护人员、教师、村干部等人担任心理咨询师，并定期接受心理专业知识的培训，鼓励本地人与专业心理专家资源的整合，保证专业知识的同时充分利用灾区的文化资源进

行心理援助，提高心理干预的有效性。

（三）开展防灾演习与防灾教育

通过开展防灾演习和教育活动可以让灾民更加了解灾害的特点和防灾减灾知识，避免灾民因对灾害不了解而产生过高风险认知，做出非理性行为，也可防止灾民因未充分意识到灾害的严重性而过分依赖政府救援而不采取自救措施，从而加重灾害损失和不满情绪。为此，灾前要加强防灾教育宣传活动和防灾演习，将其定期化、制度化，并定期邀请专家开展防灾讲座，提高灾民防灾意识。

（四）加强政府公信力建设，增强社会支持力度

政府是灾害救援的主体，政府各项应急措施的实施必须依赖于灾民的信任，只有灾民信任政府，各项措施才能有效实施。因此，政府部门要加强公信力建设，灾后积极发布灾害信息并透明化，合理引导社会舆论。鉴于政府的能力和资源是有限的，还应鼓励社会成员参与救灾。同时，鼓励企业和个人在平时购买灾害保险，增加社会支持力度，减小灾害带来的损失，提高人们应对灾害的能力。

第三节　极端气象灾害社会心理
风险扩散演化机理

通过前两节的研究，可知极端气象灾害社会心理风险受群体互动、社会支持、社会信任等社会因素及周围人群的影响，社会心理风险有不同层次的表现形式，并在这些社会因素的影响下可能从恐惧等情绪风险演化为群体性冲突，进而危及灾区的社会稳定与秩序。因此，分析极端气象灾害社会心理风险的扩散路径及演化机理对灾后救援及应急管理具有重要意义。本节运用风险的社会放大理论和 SIR 传染模型对极端气象社会心理风险扩散路径及演化机理进行探讨，并根据群体规模性和风险社会放大"涟漪效应"程度将社会心理风险的演化阶段划分为萌芽期、加剧期和消退期。鉴于社会

心理风险的演化过程类似于传染病传染过程，构建极端气象灾害社会心理风险的演化模型，通过分析和仿真得到有意义的结论。

一　极端气象灾害社会心理风险扩散机理

（一）极端气象灾害社会心理风险放大框架

极端气象灾害一般没有直接的负责人，但当灾害造成死亡人数较多，交通、供水等基本生活条件破坏严重，社会秩序混乱时人们往往会将这种结果归因于预警信息不准确、不及时和政府部门的救灾不力，有些灾民在恐慌情绪下甚至会做出非理性行为，如哄抢救援物资、群体上访等。这些行为又将成为一种风险信号被更多社会群体感知到，产生 Kasperson 所描述的"涟漪效应"。由此可见，极端气象灾害事件在各种社会因素相互作用下产生的影响会远远超过灾害本身对人类和自然环境的直接伤害，可能演化成为群体性事件甚至是公共危机，从单纯的自然灾害演化成为具有社会属性的社会危机，是一种典型的风险的社会放大。

Kasperson 所构建的 SARF 能够简单阐述极端气象灾害社会放大的两个路径：信息传递和公众反应。但我国有特殊的国情，政府是应对灾害事件的主体，完全承担了灾害信息的发布、灾害救援及灾后补偿工作，作为单一主体应对灾害事件模式基本没有变（易承志，2014；盛明科等，2014），受灾群众主要依赖于政府，对政府信任度的高低在很大程度上决定了受灾群众的风险认知水平，进一步决定了群众的风险行为。此外，当政府应急资源不足、组织调控无效时会进一步加剧事件恶化程度及速度。因此，政府这一特殊组织是我国风险社会放大中最为重要的一个途径，有必要单独分析其对极端气象灾害社会心理风险放大的作用机制。

另外，我国正处于社会转型时期，具有高脆弱性和风险性社会的特征，一些弱势群体应对灾害的能力较低，同时面临健康和生存问题、食物匮乏等各种风险事件，Scheffran J.（2012）认为如果气候变化增加人们已经面临的风险，气候变化就会增加人道危机甚至激发潜在冲突，使得自然灾害演化为社会风险事件。同时，社会转型时期社会群体对各种风险事件具有敏感性，灾后处于相同的环境，容易达成心理共识，社会冲突发生后社会群体容易以集体化、规模化的形式对抗，导致风险的叠加与集聚放大。由此可见，我国社会转型这一特殊环境不仅是极端气象灾害社会冲突爆发的肥沃土壤，也会与其在互动中实现放大。所以，社会转型环境是极端气象灾害社会心理风险放大与演化过程中的一个重要途径，需要进一步探讨两者的相互作用机制。本章根据风险社会放大理论，结合中国政府应急模式和社会转型的特点，构建了极端气象灾害社会风险放大框架，如图4-6所示。

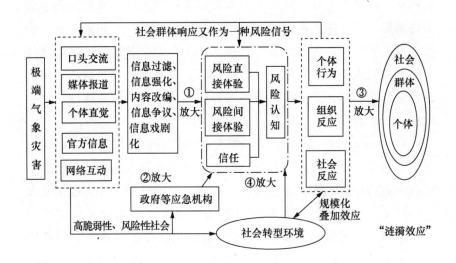

图4-6　极端气象灾害社会心理风险放大框架

（二）极端气象灾害社会心理风险扩散路径及扩散机理

社会转型环境由于具有高脆弱性和风险性社会的特征，会降低人们应对自然灾害的能力，增加脆弱性，提高风险认知，导致气象灾害风险放大。气象灾害不同于其他非常规突发事件，受灾群众主要依赖于政府救援，当政府的信任度较低时人们会有较高风险认知，导致灾害风险放大。因此，我国极端气象灾害社会心理风险放大路径除了SARF中的信息传播和行为传染扩散两个途径外，还有政府信任度认知和社会转型环境两个社会不稳定燃烧"助燃剂"直接扩散路径，共有四个扩散路径。下面具体阐述极端气象灾害社会心理风险的扩散路径及扩散机理。

1. 极端气象灾害社会心理风险扩散路径之一：灾害信息传播

根据信息传播理论，突发事件的信息传播过程如图 4-7 所示（魏玖长等，2006）。信息传播经过了信息编码、信息解码及渠道传播过程，由于解码和编码人的偏好及理解程度不同，灾害信息会在这些"放大站"根据信息传播者自身的理解被加工、删除或放大，在一定程度上导致信息失真。信息传播的渠道也是多种多样，既有来自政府部门的官方报道，也有来自互联网、人际关系网络和各种非官方媒体的信息。不同渠道的传播可能会造成信息争议、信息强化或缩减，这种争议及失真可能会提高灾民的风险认知水平，对极端气象灾害风险的严重性评估会被放大，恐慌程度加剧，推动灾民心理行为非理性化。另外，信息接收、发送及传播过程都会受到噪声的干扰，如灾后的各种谣言、小道消息，这些谣言会进一步将灾民的心理风险放大。因此，灾害信息传播是社会心理风险放大的主要途径。

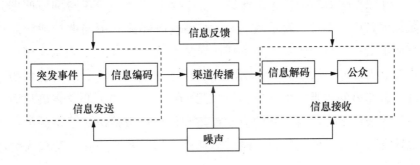

图 4-7　突发事件信息传播过程

2. 极端气象灾害社会心理风险扩散路径之二：政府信任度认知

极端气象灾害事件具有不可控性和突发性，灾民的应对能力是有限的，他们被迫需要信任某些科学专家、政府等权威机构。这种信任会降低人们对灾害风险的不确定性，前面章节实证研究也证明社会信任度越高，灾民 PTSD 发病率越低。当人们对专家或权威机构不信任或信任被破坏时，人们就会面临更高的风险认知（Siegrist M. et al.，2000；Wachinger G. et al.，2013），出于自我保护意识的原因而做出非理性对抗政府行为。但当人们对政府部门的应急管理能力十分信任时，人们就会过度依赖政府。Bichard（2012）发现大多数人认为防灾和灾后救援是政府部门的责任，政府部门必须采取保护措施来减轻人们的灾后负担。在这种情形下，如果政府救灾不力，灾民就会产生不满情绪，甚至对政府部门采取过激行为，直接导致灾害风险演化为群体性事件。

另外，根据社会物理学研究，非常规突发事件扩散速度受到灾区应对能力、政府调控能力和事件本身属性的影响，张岩（2011）根据牛顿第二定律 F = ma 建立了事件扩散速度的社会物理模型，如（4 - 4）式所示：

$$a_{et} = \frac{f_{et} + F_{gt}^-}{R} = \frac{f(r_1z_1,\ r_2z_2,\ \cdots,\ r_pz_p) + F(c_1y_1,\ c_2y_2,\ \cdots,\ c_ny_n)}{R(a_1x_1,\ a_2x_2,\ \cdots,\ a_mx_m)}$$

$$(4 - 4)$$

其中，a_{et} 表示事件扩散速度，f_{et}（r_iz_i）表示事件本身随时间的破坏力，F_{gt}^-（c_iy_i）表示政府在 t 时刻政府部门的不当调控或政府采取了措施但是由于灾民不信任而导致无效，R（a_ix_i）表示灾区的应对能力。a_i、c_i、r_i 分别表示第 i 种因素对应对能力、政府应急措施和破坏力的比重。由（4 - 4）式可知，在应对能力和灾害破坏力一定的条件下，政府采用的应急措施和信任度直接决定了事件的扩散速度及演化方向。所以，政府信任度认知是社会心理风险放大的路径之一。

3. 极端气象灾害社会心理风险扩散路径之三：情绪行为传染

根据风险—信息—行为理论，当人们意识到风险事件时就会搜集有关风险的各种信息，在已有经验基础上形成风险认知并采取一些降低风险的行为。但在灾害情境下，由于信息不对称和恐慌情绪等因素，灾民往往会根据他人的行为作为自己决策的依据，产生从众效应。法国著名社会心理学家勒庞在《乌合之众：大众心理研究》中表明，危机来临时个体的恐惧情绪会传染到整个群体之中，并将这一行为称为社会传染（social contagion）。由于群体的匿名性和暗示性，个体往往更加冲动，更容易做出一些非理性行为，这种行为又逐渐蔓延到群体中。假设在初始时刻有 x_0 位灾民做出了非理性行为，传染系数为 $\lambda = 1$，即一个人可以自身的非理性行为传染给群体中 1 个接触者，则群体中非理性行为人数 x 随时间变化的情况如（4-5）式所示：

$$\frac{\mathrm{d}x}{\mathrm{d}t} = \lambda x,\ x(0) = x_0 \tag{4-5}$$

从而得到 $x(t) = x_0 e^{\lambda t}$，设 $x_0 = 2$，$t = 5$，则群体中非理性人数变化情况如图 4-8 所示。

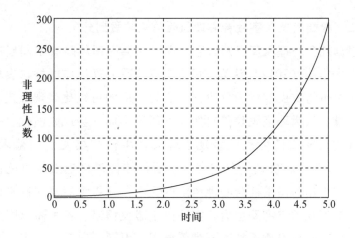

图 4-8　非理性行为人数随时间变化趋势

由图 4-8 可知，当初始阶段非理性行为人数为 2、传染率为 1 时，群体中的非理性行为人数呈指数爆炸式扩散。在这种情形下，政府部门如果不进行有效管制，个体事件很容易演化升级为群体性事件。

4. 极端气象灾害社会心理风险扩散路径之四：社会转型物质燃烧

根据世界发展规律，人均 GDP 在 500—3000 美元阶段往往是资源、公平等社会矛盾的爆发期，也是社会容易失序和社会心理容易失衡的关键时期。我国 2014 年人均 GDP 为 7485 美元，正处于社会转型时期，存在贫富差距较大和社会保障体系不完善的问题，社会弱势群体存在强烈的利益诉求和不满心理，社会本身就处于一种风险社会状态，各种风险事件一触即发。而极端气象灾害后人员伤亡和经济损失严重的城区往往是发展落后的地区，灾害会引发食品短缺、安置困难、流行病暴发等严重后果。根据牛文元提出的"社会燃烧理论"，社会转型时期已经具备了"燃烧物质"，极端气象灾害的发生将会作为社会不稳定的导火索，点燃社会中被压抑的情绪和失衡的心理，信息传播和行为传染为社会不稳定提供了"助燃剂"，导致极端气象灾害风险的扩散和演化升级，可能会引发社会失稳。

二 极端气象灾害社会心理风险演化阶段划分

根据社会心理风险识别研究，灾民社会心理风险有不同层次的表现，朱华桂（2012）认为灾民行为反应是心理反应的外在表现形式。本书也将灾民的行为反应视作心理反应的可视化表现形式。另外，有学者认为环境风险等自然属性风险会向社会风险演化，并且这种演化在现实情境里就表现为群体性事件的爆发（朱德米等，2013）。本章也将极端气象灾害发生后群体性事件爆发的可能性及其爆发程度作为衡量社会心理风险的大小，并将灾后群体性事件界定为：极端气象灾害发生后，灾民由于恐慌情绪、各种需求因素未得到满足或对政府救援能力不满等原因，引起一定数量的灾民采取哄抢物资、群体性冲突、聚众围堵、群体性上访等方式，给灾后社会稳定与秩序构成严重威胁的各种群体性事件。

判断群体性事件等级的最直观测量方式就是计算参与群体性事件个体的数量。本章以群体规模大小和极端气象灾害事件"涟漪效应"的波及程度为划分标准，将极端气象灾害社会心理风险划分三个演化阶段，分别为萌芽期、加剧期和消退期，如图 4 - 9 所示。

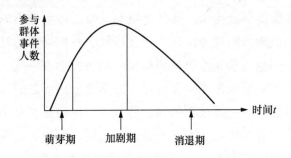

图 4 - 9　极端气象灾害社会心理风险演化阶段

（一）萌芽期

极端气象灾害会导致房屋倒塌，人员伤亡，电力、通信、道路等基础设施严重受损。这会使受灾群众的衣食住行受到严重影响，人们会为此比较恐慌，有较强的压力感。另外，根据改进的 ISR 压力模型社会心理风险识别研究，极端气象灾害的发生会导致一些受灾群众亲人离去、房屋倒塌、身体受损、基本生存环境严重破坏，人们会处于一种悲伤、孤独、无助的状态下。在这种状态下，个体在生理上会有呼吸急促、警惕性提高等症状，这将作为一种风险信号被个体意识到，个体对灾害往往会评估为较高的风险。而根据认知行为学研究，在高风险认知下，个体行为会失去理性，做出一些非理性行为。比如，有些受灾群众情绪比较激动很容易和别人争吵，甚至会有肢体冲突；有些人因不能及时得到救援物资而进行哄抢。但是这一时期个体的冲突行为只是少部分人，没有被更多灾民意识到，此阶段极端气象灾害会转化为个体风险，但还没有形成群体行为。

（二）加剧期

如果个体风险在萌芽期没有被政府等应急管理部门及时捕捉到，加上社会心理风险的四种扩散路径传播，个体非理性行为数量会急剧增加，群体规模不断扩大，个体事件演化成为群体性事件。这时由于灾害发生后个体事件的发生往往是受灾群众对自身安危和切身利益诉求的结果，受灾群众之间很容易产生情感共鸣，从而盲目地加入到小规模集群行为中。此外，极端气象灾害利益诉求一般包含了对政府救灾能力的较高信任，并且植根于我国特定的社会转型背景中，新的利益诉求和历史长期积累的隐患交织在一起。如果政府救灾不力，受灾群众往往会有抗议、群体性上访等过激行为。这些过激行为经过信息传播过程的加工和放大，风险事件就会放大，被更多的直接利益相关者和潜在相关者所认同，并作为已有社会矛盾的"点燃剂"，将局部的个体风险转化为群体性事件。

另外，群体性事件具有突发性，短时间内参与人员情绪比较激动、其行为失去约束性，往往会做出过激行为或违法行为。如果政府只是利用警力和警械对参与人员进行管制的话，多数人的生命安全受到威胁而得不到保护，人们就会更加愤怒，采取更极端的行为，甚至会产生暴力冲突。这些行为对当地的社会稳定与秩序构成巨大的威胁，导致公共信任制度和应急管理机构应急能力满意度和认同度的急剧下降，引起社会群体风险认知和风险态度的长期变化，会产生较大的社会和政治压力。2013年浙江余姚打砸警车事件就是这样形成的，刚开始只是个别灾民对电台报道不满，但是由于警车的介入激发了灾民的不满情绪，灾民通过手机短信、电话、微博等方式散发消息，聚集了大量灾民，并做出了非理性行为，严重威胁了灾区的社会安全。

（三）消退期

群体性事件爆发后，政府部门会积极采取各种应急措施对参与者进行劝说、协调，稳定灾民的基本情绪，使灾民理性程度变高，灾民会逐渐退出群体性事件，通过正常渠道表达诉求。此外，群体参与者由于自己情绪得到宣泄或自己的各种利益诉求得到了满足，他们会主动退出群体性事件，群体规模不断变小，最后解体。

三　基于 SIR 传染模型的社会心理风险演化机理

极端气象灾害社会心理风险具有传染性和阶段性，这一过程类似于传染病的传染过程。传染病模型 SIR（Susceptible – Infective – Removed）将人群分为三类：易感染者（susceptible）、已感染者

(infective) 和移出者（removed），感染者每天可以接触到的平均人数为 λ，每天免疫的人数占总感染者的比例为 μ。本章基于社会心理风险演化与传染病传播过程的相似性，根据 SIR 模型和社会心理风险演化的具体特点，对模型进行了改进。主要表现为：极端气象灾害发生后政府会高度重视，灾区会有专业心理干预工作者和志愿者对灾民的心理行为情况进行干预，虽然有些受灾群众受到了他人影响而有可能参与群体性事件，但是由于心理行为的干预抑制了易感人群的参与。本章加入了政府的干预率 g，即单位时间内政府成功干预人数占易感人群的比例。

（一）模型的基本假设

（1）假设极端气象灾害灾区总人数为常数 N，不考虑死亡率和出生率。将人群分为三类：第一类是易感染者 $S(t)$，即在 t 时刻未参与群体性事件，但容易受到周围人群情绪行为影响并可能会参与群体性事件，$s(t)$ 表示 t 时刻易感人群占总人群的比例；第二类是参与者 $I(t)$，即在 t 时刻已参与群体性事件并且其情绪和行为具有传染力，$i(t)$ 表示 t 时刻参与者占总人群的比例；第三类是退出者 $R(t)$，即在 t 时刻由于自身利益得到满足或其他原因而退出群体性事件，并且退出后具有免疫力，即不再会成为易感染者和参与者，$r(t)$ 表示 t 时刻退出者占总人群的比例，$N = S(t) + I(t) + R(t)$。

（2）$s(t)$、$i(t)$、$r(t)$ 随时间连续变化且充分光滑。

（3）传染率为 λ，即单位时间内每个参与者以常数 λ 的平均速度传染给易感染者，使其参与到群体性事件中；退出率为 μ，即单位时间参与者退出群体事件的速度。

（4）政府干预率 g，即单位时间内政府以平均速度 g 干预被参与者感染了的易感人群，使其虽与参与者有效接触并被感染但在当前时间内没有参与群体性事件，但在下一时间内仍可能成为易感染者或参与者，单位时间内有效传染率 $\sigma = \dfrac{\lambda - g}{u}(g < \lambda)$。

（5）设初始时刻易感人群比例 $s(0) = s_0(s_0 > 0)$，参与者比例 $i(0) = i_0(i_0 > 0)$，退出者比例 $r(0) = 0$。

（二）模型构建

根据本书的基本假设，将极端气象灾害群体性事件三类人群的交互规则及状态归纳如下，如图 4-10 所示。

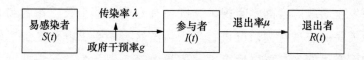

图 4-10　极端气象灾害群体性事件人群交互规则

单位时间内参与者增加的人数为：

$$N\frac{\mathrm{d}i}{\mathrm{d}t} = \lambda Nsi - gNsi - \mu Ni \tag{4-6}$$

单位时间内退出者增加的人数为：

$$N\frac{\mathrm{d}r}{\mathrm{d}t} = \mu Ni \tag{4-7}$$

根据（4-6）式和（4-7）式及上述假设，可用以下微分方程组描述社会心理风险演化，如（4-8）式所示。

$$\begin{cases} \dfrac{\mathrm{d}i}{\mathrm{d}t} = \lambda si - gsi - \mu i \\[2mm] \dfrac{\mathrm{d}s}{\mathrm{d}t} = -(\lambda - g)si \\[2mm] \quad \dfrac{\mathrm{d}r}{\mathrm{d}t} = \mu i \\[2mm] s(t) + i(t) + r(t) = 1 \\[1mm] i(0) = i_0 \,;\ s(0) = s_0 \end{cases} \tag{4-8}$$

显然，定义域 $D = \{(s,\ i)\ |s \geq 0,\ i \geq 0,\ s + i \leq 1\}$，消去 $\mathrm{d}t$ 得

$$\begin{cases} \dfrac{\mathrm{d}i}{\mathrm{d}s} = \dfrac{\mu}{(\lambda - g)s} - 1 \\[2mm] \quad i(s_0) = i_0 \end{cases} \tag{4-9}$$

解方程组（4-9）得：

$$i(s) = (s_0 + i_0) + \frac{\mu}{\lambda - g}\ln\frac{s}{s_0} - s \tag{4-10}$$

根据以上模型讨论 $s(t)$、$i(t)$ 随时间变化的趋势：

（1）不论初始时刻 s_0、i_0 任意大小，$\lim\limits_{t \to 0} i(t) = 0$，即不论初始时刻易感者和参与者占总人群的比例大小，最终参与者的比例都趋于0，参与者由于利益满足或政府事后干预等原因最终都会退出群体性事件，群体最终解体。

（2）s_∞ 是式（4-10）令 $i = 0$ 的值，其取值范围为 $(0, \dfrac{\mu}{\lambda - g})$，即随着传染率、退出率和政府干预率的变化，灾后易感人群的最终比例都会控制在一定范围内。

（3）当 $s_0 < \dfrac{\mu}{\lambda - g}$ 时，$\dfrac{\mathrm{d}i}{\mathrm{d}t} \leq 0$，$i(t)$ 逐渐减小至0，$s(t)$ 逐渐减小到 s_∞。

（4）当 $s_0 > \dfrac{\mu}{\lambda - g}$ 时，$\dfrac{\mathrm{d}i}{\mathrm{d}t} \geq 0$，$i(t)$ 逐渐增大，在 $s_0 = \dfrac{\mu}{\lambda - g}$ 时达到最大值 i_m。

但是极端气象灾害发生后受灾群众基本上都是易感人群，s_0 基本上接近1。因此，主要是通过改变传染率 λ、干预率 g 和退出率 μ 建立灾后群体性事件的预防和消解机制，本章通过仿真分析不同传染率、干预率及退出率情况下的群体行为演化规律。

（三）模型仿真与结果分析

根据构建的风险演化模型，用 MATLAB 对极端气象灾害中群体性事件演化机理进行仿真模拟，找出影响群体性事件的关键因素及易感人群和参与者随时间的变化规律。对改进 SIR 模型中的状态变量和控制参数设定初始值就可以进行仿真分析。本章设定仿真周期 t 为50个单位时间。

1. 政府干预率 g 与群体性事件演化的关系

设初始时刻 $i(0) = 0.1$，$s(0) = 0.9$，传染率 $\lambda = 0.8$，退出率 $\mu = 0.3$，利用 MATLAB 仿真不同干预率下群体性事件演化的速度与方向，如图4-11所示。

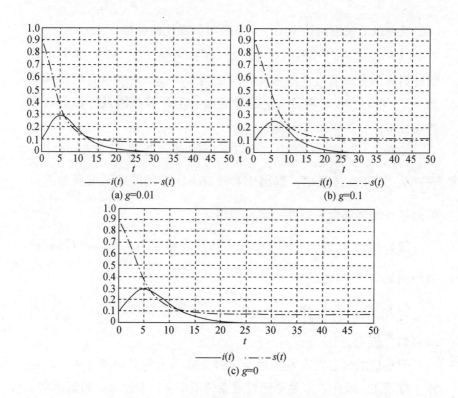

图 4 - 11　不同政府干预率与群体演化关系仿真

　　仿真发现，群体性事件演化的速度与政府干预率密切相关，政府干预率越大群体性事件消退时间越短，参与者比例越小。而且政府对易感人群的干预程度显著影响灾后社会稳定与秩序风险的等级。图 4 - 11（c）中参与者人群比例高于易感人群比例的持续时间明显比图 4 - 11（a）持续时间长，由于易感染人群容易受到参与者情绪行为的影响，这段时间内易感人群对灾后风险等级的评估更高，更容易引起恐慌情绪和非理性行为，此时灾区不稳定风险爆发的可能性更大，更容易引起社会动乱。因此，极端气象灾害发生后要及时派出专业心理干预者对灾民进行专业心理辅导，防止灾民不满情绪转化为实际冲突行为，并且这种干预措施具有较好的成本效益，英国国家发展部估计每投入 1 美元用于降低灾害风险就可以避免或降低 2—4 美元的灾后社会损失（King E. et al.，2014）。

2. 传染率与群体性事件演化的关系

设初始时刻 $i(0) = 0.1$，$s(0) = 0.9$，干预率 $g = 0.01$，退出率 $\mu = 0.3$，利用MATLAB仿真不同传染率下群体性事件演化的速度，如图 4 - 12 所示。

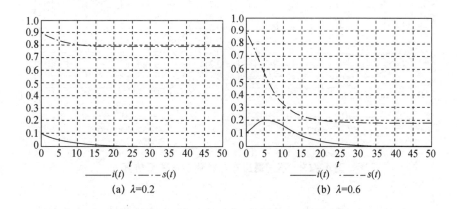

(a) λ=0.2　　　　　　　(b) λ=0.6

图 4 - 12　不同传染率与群体演化关系仿真

仿真模拟结果表明，群体性事件演化的速度及方向（加剧或消退）与传染率密切相关。传染率越小，群体性事件消退越快，而且在政府干预率和群体退出率不变情况下，传染率 λ、退出率 μ、政府干预率 g 以及初始时刻易感人群比例 s_0 满足关系 $s_0 < \dfrac{\mu}{\lambda - g}$ 时，群体性事件的规模不会再扩大，即使易感人群比例较大，但是参与者比例仍是随着时间递减，如图 4 - 12 （a）所示。因此，降低传染率的效果比政府较大程度的干预效果更好。为此，政府等部门在灾后要尽量切断或控制参与者传染的渠道，即控制风险扩散的途径，灾后要及时发布正式消息，消除各种谣言，引导社会舆论，可以有效降低传染率从而避免群体规模扩大。这种情况可能比派出专业心理干预者对灾民的心理行为进行干预的效果更明显，并且成本更低。

3. 退出率与群体性事件演化关系

设初始时刻 $i (0) = 0.1$，$s (0) = 0.9$，干预率 $g = 0.01$，传

染率 $\lambda = 0.8$，利用 MATLAB 仿真不同退出率下群体性事件演化的速度，如图 4 – 13 所示。

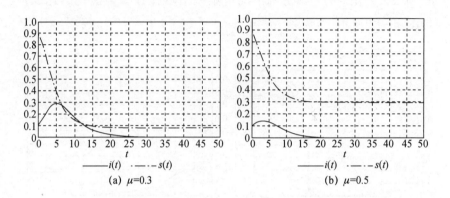

$$\underline{\quad}i(t) \quad -\cdot-\cdot s(t) \qquad \underline{\quad}i(t) \quad -\cdot-\cdot s(t)$$

(a) μ=0.3 　　　　　　(b) μ=0.5

图 4 – 13　不同退出率与群体演化关系仿真

仿真模拟结果表明，退出率与群体性事件的演化速度密切相关。退出率显著影响群体性事件的持续时间，退出率越大，群体性事件持续时间越短。而且当退出率比较大时（如 $\mu = 0.5$），即使初始时刻易感人群比例很大（如 $s_0 = 0.9$），灾后传染率很高（如 $\lambda = 0.8$），但是由于群体性事件可以很快消退，易感人群不会再被传染，灾后社会稳定与秩序风险可以在有效控制范围内。因此，灾害发生后要第一时间化解群体情绪，及时满足灾民的各种合理性需求，为灾民提供正常诉求渠道。政府部门避免采取不作为行为或仅利用警力对参与人员进行管制等简单"维稳"行为，要从根源上化解群体事件，从而快速提高参与者的退出率，防止群体性事件演化升级。

4. 政府事前干预和政府事后干预与群体行为演化的关系

设初始时刻 $i(0) = 0.1$，$s(0) = 0.9$，传染率 $\lambda = 0.8$，并假设退出率是完全由政府等应急管理部门实施灾后干预的结果，即群体性事件发生后政府的干预率为 $g' = \mu$，利用 MATLAB 仿真事前干预和事后干预与群体性事件演化的关系，如图 4 – 14 所示。

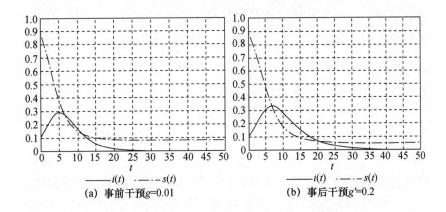

图 4 - 14　不同干预行为与群体演化关系

　　仿真模拟结果表明，事前干预和事后干预两种不同行为显著影响群体行为的演化速度。政府事前干预率小于事后干预率时，灾区参与者比例高于易感人群比例的持续时间事后干预方式情绪下明显比事前干预方式情形下长，而且事后干预方式下群体消退需要时间明显比事前干预方式下的持续时间长。事后干预方式下社会心理风险度更高，这是由于群体行为比个体行为更冲动，群体情绪的化解难度高于个体情绪的干预难度。因此，政府等应急管理部门要建立完善的社会心理风险监测机制，及时捕捉灾民的个体情绪行为情况并加以干预，将其遏制在萌芽期。

四　极端气象灾害社会心理风险应对策略

　　根据极端气象灾害社会心理风险的扩散路径及演化机理的研究，本章提出了极端气象灾害社会心理风险的如下应对策略。

　　（一）建立完善的信息沟通机制，正确引导社会舆论

　　通过社会心理风险的扩散路径分析可知，灾害信息传播是最重要的扩散路径之一，仿真模拟也发现降低传染率是防止群体性事件演化最有效的方式，而降低传染率就要及时公布正确信息，就必须进行有效的信息沟通。灾后公众对信息的需求变得异常强烈，因为信息是灾民行为决策的重要依据，这时易受到谣言的干扰，而谣言很容易加剧恐慌情绪、影响灾后稳定。因此，政府部门要及时有效

地通过手机短信、微博等多种媒体渠道发布灾害信息，并保证信息的权威性和透明性，如果政府部门发布的信息具有矛盾，那么不仅不能进行风险管理而且还会导致社会恐慌，灾后政府部门要建立信息专门发言人制度，引导社会舆论。

在信息发布过程中要尽量遵循美国传播学者 Covello 和 Allen 编制的"风险沟通"（risk communication）七个基本原则（祝燕德等，2008）：受灾群众作为风险管理的合作者而不仅仅是被告知真相者；倾听受灾群众的声音；坦诚和开放；与其他值得信赖的信息源进行合作；满足媒体的需求；言语清晰，饱含情感；周密筹划和认真评估。

（二）构建社会心理风险预警与响应平台，及时监测灾民情绪反应

通过扩散演化机理的研究可知，个体的情绪行为具有传染性，灾害情景下，个体的一些不满情绪和非理性行为往往会得到他人的认同而产生集群行为，在群体行为中由于匿名性和无明确责任人等原因群体会更加冲动，更容易做出非理性行为。对灾后哄抢物资或群体性事件等非理性行为的特殊个体要及时进行心理干预，使其远离事件现场，防止个体事件演化升级为群体性事件。因此，灾后要建立完善的社会心理风险预警平台，及时捕捉周围隐藏的风险事件，并及时处理、消解误会和矛盾，将事件消除在萌芽状态。

（三）畅通灾后利益诉求渠道，完善多元化诉求表达机制

仿真分析可知退出率决定了群体性事件的持续时间，要想让群体事件尽快解体，就必须从根源上满足受灾群众的需求。灾后群体性事件的发生主要原因是灾民不知道如何正确表达自己的诉求。因此，灾后要及时告知灾民正确的利益表达方式及渠道，这包括心理辅导的地点、救援物资领取的时间与地点等。

五 结果讨论与应对策略

我国极端气象灾害社会心理风险的扩散路径分为四个阶段：灾害信息传播、政府信任度认知、情绪行为传染、社会转型物质燃烧。本节根据群体规模性和风险社会放大"涟漪效应"程度将社会心理风险的演化阶段划分为萌芽期、加剧期和消退期。鉴于社会心

理风险的演化过程类似传染病传染过程，构建了极端气象灾害社会心理风险的演化模型。

通过模型分析和仿真得到一些有意义的结论：对四种不同的扩散途径进行有效切断或控制，降低灾后风险传染率、提高事前政府干预率和风险消解率可以有效防止社会心理风险的演化升级。同时发现群体性事件发生前政府较低程度的干预就可以很好地控制群体性事件的演化速度，演化速度远小于灾后政府较大程度地调整参与者的退出率的演化速度。因此，政府部门应该建立完善的极端气象灾害社会心理风险监测机制，及时捕捉灾民的情绪行为反应，将群体性事件遏制在萌芽期，这不仅可以提高灾区稳定程度，还可以降低应急管理的成本。

第四节　本章小结

本章基于动态风险分析框架，以极端气象灾害社会心理风险演化为主线对社会心理风险的表现形式、影响因素、扩散路径与扩散机理进行了定性分析和定量研究，提出了极端气象灾害社会心理风险的应对策略。首先，对极端气象灾害社会心理风险源、风险应对资源、风险表现形式进行了识别，研究发现：人们进行心理援助时可以根据改进的 ISR 压力模型采取相应的对策，比如减少或缓解社会心理风险源，丰富应对资源和保护性因素。其次，对灾害社会心理风险影响因素进行了实证研究，得到以下研究结论：灾后心理干预及救援过程中要更加关注女性、已婚、文化程度较低者；同时平时要加强灾害逃避演习，以增加公众的灾害经验，提高公众应急避险能力。政府等权威管理机构要树立自己的威信，提高公众对其的信任度，灾害发生后及时对灾民实施物质和精神支持。对于灾后人口密集度较大的区域要重点进行心理干预，防止社会心理风险的扩散，防范个体事件不断演化升级为群体性事件。同时灾后要及时发布灾害信息，降低灾后损失认知水平。最后，对灾害社会心理风险的扩散途径和扩散机理进行了探讨，得到以下研究结论：降低灾后风险传染率、提高事前政府干预率和风险消解率可以有效防止社会心理风险的演化升级，政府部门要及时发布正式信息，引导社会舆论，提高社会信任度，从而降低风险传染率、提高退出率。同时发现群体性事件发生前政府较低程度的干预就可以很好地控制群体性事件演化的速度，演化速度远小于灾后政府较大程度地调整参与者的退出率的演化速度。

因此，政府部门应该建立完善的极端气象灾害社会心理风险监测机制，及时捕捉灾民的情绪行为反应，将群体性事件遏制在萌芽期，这不仅可以提高灾区稳定程度，还可以降低应急管理的成本。

第五章　社会舆情风险演化
机理及应对策略

重大自然灾害社会舆情风险是指灾害发生后，社会公众通过互联网，就灾害有关事件的发生、发展、处置等问题表达情绪、态度和意愿，以至于造成突发事件应急处理效率低下、政府公信力下降以及社会秩序受到影响的可能性。互联网的快速发展给突发事件，尤其是重大地震灾害这类具有强力破坏性的灾害带来诸多网络舆情风险的挑战，大众媒体缩小了人们交流灾害风险信息的空间边界，人们可以实时交互灾害信息。重大自然灾害一旦爆发，社会公众立即通过互联网来交流相关信息，许多网民根据各自的知识、经历从不同的视角对灾害风险信息和特殊事件进行信息加工和编码，并通过不同的载体将风险信息传播出去，短时间内大量灾害信息的快速扩散，可能给信息质量和信息环境带来不利影响，一旦前后矛盾的信息发布出去，就会影响到政府机构的信誉和形象。本章以云南省昭通市鲁甸县重大地震灾害为例研究社会舆情风险演化机理及应对策略。

第一节　重大地震灾害社会舆情
风险演化过程

重大地震灾害社会舆情风险发生原因复杂，主要是政府与民众间信息交流与沟通不畅，这种沟通渠道是通过有效的机制来保障的，如信访、热线等。若民众能通过正式沟通渠道或机制得以表达意愿，并得到政府回应，那么灾害社会舆情在很大程度上就不会发生。然而这种正式沟通机制存在着效率低下，缺少回馈甚至运行不畅等问题，这与民众经历重大地震灾害后急切表达意愿的行动目的是相悖的。如果这种情况不能及时得到解决，民众就会通过其他方式向政府及其相关部门来表达自己的看法或意愿。重大地震灾害社会舆情风险的演化周期包括生成期、扩散期、衰退平复期三个阶段，如图 5－1 所示。

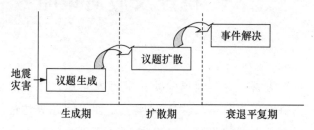

图 5－1　重大地震灾害社会舆情演化阶段

一　生成期

民众就地震灾害突发事件创设相关议题，如灾害严重程度、政府救援情况、灾民恐慌、社会支持等，以朋友圈、微博、空间、网络留言、论坛、BBS 等形式进行公布和转发，扩散与评论。

二　扩散期

灾害爆发后社会风险的网络议题在浏览者与创设者之间相互传递或交流信息，产生共振效应，使议题影响范围进一步扩大。

三　衰退平复期

灾害的网络舆情风险不断蔓延，给政府部门造成舆论压力，政府引起重视并逐渐介入，采取有效措施解决地震灾害事件，同时合理引导网络舆情防止不良信息扩散，使之逐渐衰退平复。

通过地震灾害社会网络舆情风险周期分析表明，若找出灾后风险信息的扩散演化趋势，就能合理评估舆情风险发展的态势。

影响重大地震灾害社会舆情风险信息扩散演化的因素很多，一是生成期影响因素：地震灾害救援的民众满意度、灾后上访人数、网民数量、刊登灾害风险信息网站数量等；二是扩散期影响因素：网民浏览灾害风险信息次数、转发次数、舆情风险信息持续时间、风险议题分布区域等；三是衰退平复期影响因素：政府控制信息扩

散效率、舆情风险信息响应速度、政府救援效果等。但这些因素对
社会舆情风险的作用是伴随信息扩散产生的，风险信息扩散路径、
时间节点不同，这些影响因素产生的作用环节、时间长度也有所不
同。所以本章重点研究重大地震灾害发生后，风险信息扩散演化的
基本规律，并根据演化特征和机理提出有效的应对策略，尽量缩小
上述诸多因素对舆情风险的影响程度。

第二节　社会舆情风险信息扩散模型构建

一　基于风险沟通原则的模型假设

风险沟通的主体是政府、媒体、公众及其他相关者，利用风险
沟通进行风险治理必须遵循及时公开信息、沟通各方地位平等、信
息发布与传播尺度合理的原则（张乐等，2012）。本章基于风险沟
通三原则提出了地震灾害风险信息扩散模型的假设。

风险沟通的及时原则，要求信息发布要赶在"小道消息"和虚
假信息之前进行，而地震灾害发生后，政府必须监测并及时公开地
震强度、二次地震可能性、危害保护、与地震有关的一切健康事件
等信息，使公众能及时感知地震灾害信息。

风险沟通的平等原则，政府、公众以及其他社会利益组织都有
传递信息的自由，在地震灾害风险信息迅速传播的过程中，除了政
府监管的官方渠道（电视、报纸、移动平台等大众媒体）能传播风
险信息外，社会公众的自由渠道（QQ、微信、微博等互联网平台）
也可以对信息进行扩散，这两种渠道传播风险信息的效果不用，公
众对渠道选择和接受度不同，都将导致公众呈现不同的风险感知。

风险沟通的适度原则，表明政府可对风险信息进行处理，以对
风险进行控制。而其他学者研究信息扩散模型时，均假设公众通过
正式渠道了解的信息全为真实信息，通过非正式渠道了解的信息则
有真实和失真两种情况，事实上，正式渠道传播的信息也有真实和
虚假两种情形。

假设 1：设人口总量为 M。由于信息传播渠道的多样性，以及公众存在年龄、性别、受教育水平、生活环境等差异，则会表现出不同的风险信息偏好。相信真实风险信息的人为"真实风险信息偏好者"，人数为 $X(t)$，相信虚假信息的人为"虚假风险信息偏好者"，人数为 $Y(t)$，则潜在风险感知者人数为 $M - X(t) - Y(t)$。风险信息（包括真实的和虚假的）影响总人数为 $Z(t)$，则 $Z(t) = X(t) + Y(t)$。

假设 2：潜在风险感知者从官方渠道了解风险信息的可能性为 p，从自由渠道了解风险信息的可能性为 q，且 $p, q \in (0, 1)$，假设公众只通过以上两种途径接收信息，则 $p + q = 1$。

假设 3：政府为了控制社会风险，对真实信息进行处理后再公开，假设官方渠道传播信息的真实率为 α_1，虚假率为 α_2，满足 $\alpha_1 \in [0.5, 1]$、$\alpha_2 \in [0, 0.5]$、$\alpha_1 + \alpha_2 = 1$；而由于口头传播的主观性和随意性，自由渠道传播的风险信息有失真的可能性，假设其准确度为 β_1，失真度为 β_2，满足 $\beta_1, \beta_2 \in [0, 1]$、$\beta_1 + \beta_2 = 1$。

二 BASS 模型

BASS 模型主要用于研究新产品的扩散，而潜在采用者将受到正式和非正式两种不同传播渠道的影响（BASS et al., 1969）。如果用 $f(t)$ 表示 t 时刻采用者数量占总的潜在采用者数量比例的概率密度函数，用 $F(t)$ 表示到 t 时刻采用者的累积比例，即 $\mathrm{d}F/\mathrm{d}t = f$，$p$ 表示创新系数，q 表示模仿系数（杨敬辉，2005），BASS 模型的基本形式为：

$$\frac{f(t)}{1 - F(t)} = p + qF(t) \tag{5-1}$$

若 m 表示最终采纳者总数，$N(t)$ 表示 t 时累积采用者，则 $N(t) = mF(t)$。$n(t)$ 表示 t 时刻采用者数量，则采用者总数的积分式为：

$$N(t) = \int_0^1 n(t)\,\mathrm{d}t = mF(t) = m\int_0^1 f(t)\,\mathrm{d}t = \int_0^1 mf(t)\,\mathrm{d}t \tag{5-2}$$

令 $mf(t) = n(t)$，$F(0) = 0$，可得 BASS 模型的累积采用者 S 形曲线：

$$N(t) = m\frac{1 - e^{-(p+q)t}}{1 + \dfrac{q}{p}e^{-(p+q)t}} \tag{5-3}$$

因此，t 时刻的采纳者数量为：

$$n(t) = mf(t) = m[1 - F(t)][p + qF(t)] = p[m - N(t)] + q\frac{N(t)}{m}$$

$$[m - N(t)] \tag{5-4}$$

三 基于改进 BASS 模型的风险信息扩散模型

地震灾害风险信息扩散模型与 BASS 模型的参数对应表如表 5 - 1 所示。

表 5 - 1　　　　　　　　　　　对应参数

BASS 模型 m	地震灾害的风险信息扩散模型 M
$F(t)$	$M - X(t) - Y(t)$
$N(t)$	$X(t)/Y(t)/Z(t) = X(t) + Y(t)$
$n(t)$	$dX(t)/dt/dY(t)/dt$

根据表 5 - 1 和假设可得出改进后的风险信息传播扩散流程，如图 5 - 2 所示。

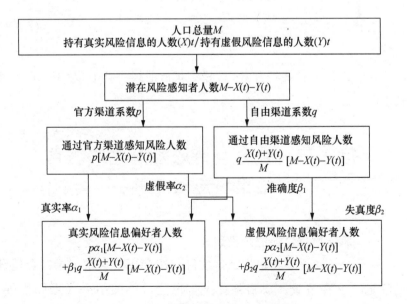

图 5 - 2　风险信息传播扩散示意

由图 5 - 2 和（5 - 4）式可知，在 t 时刻，真实和虚假风险信息偏好者人数分别为：

$$\frac{\mathrm{d}X(t)}{\mathrm{d}t} = p\alpha_1 [M - X(t) - Y(t)] + \beta_1 q \frac{X(t) + Y(t)}{M} [M - X(t) - Y(t)]$$

（5 - 5）

$$\frac{\mathrm{d}Y(t)}{\mathrm{d}t} = p\alpha_2 [M - X(t) - Y(t)] + \beta_2 q \frac{X(t) + Y(t)}{M} [M - X(t) - Y(t)]$$

（5 - 6）

在 t 时刻，风险信息影响总人数为 $Z(t) = X(t) + Y(t)$，则：

$$\frac{\mathrm{d}Z(t)}{\mathrm{d}t} = \frac{\mathrm{d}X(t)}{\mathrm{d}t} + \frac{\mathrm{d}Y(t)}{\mathrm{d}t}$$

$$= p\alpha_1 [M - X(t) - Y(t)] + \beta_1 q \frac{X(t) + Y(t)}{M} [M - X(t) - Y(t)]$$

$$+ p\alpha_2 [M - X(t) - Y(t)] + \beta_2 q \frac{X(t) + Y(t)}{M} [M - X(t) - Y(t)]$$

$$= \left[p + q \frac{Z(t)}{M} \right] [M - Z(t)]$$

（5 - 7）

当初始条件 $t = 0$ 时，$X(0) = Y(0) = Z(0) = 0$，可得：

$$Z(t) = M \frac{-1 + e^{(p+q)t}}{\frac{q}{p} + e^{(p+q)t}}$$

（5 - 8）

其中（5 - 8）式符合 BASS 模型扩散曲线，其中 $M > 0$，M 为增长上限。

第三节　社会舆情风险演化的仿真结果与应对策略

一　风险信息扩散的阶段划分

情景分析法主要是根据地区实际情况和历史灾情记录，合理设定可能的灾害情景，预测各种灾害风险可能的结果（毛熙彦等，2012）。情景分析有定量、定性、演绎、归纳、前推式和回溯式等多种方法,本章使用的是定量情景分析,该方法是基于模型的数字化信息分析,论证相对严谨。

　　根据地震灾区的实际背景,将情景分析与信息扩散模型结合,设定不同情景的风险阶段参数,分析各情景下风险信息扩散演化的趋势,框架如图 5-3 所示。

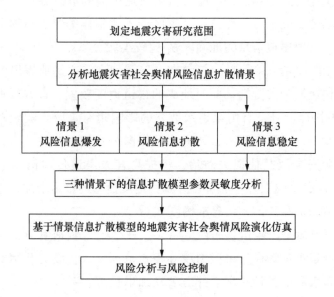

图 5-3　基于情景信息扩散模型的地震灾害社会风险演化的分析框架

　　(1) 划定地震灾害研究范围。由于信息的传播是全国性的,故数量研究范围为全国人口总量,$M = 1300$ 百万。重大地震灾害爆发后,全国对地震的关注和报道开始骤增,本书时间研究范围为 2014 年 8 月 3 日至 8 月 15 日共 12 天,取 t 的初始值为 0。

　　(2) 分析地震灾害社会舆情风险信息扩散情景。官方渠道系数、自由渠道系数,以及信息的真实率和准确度在风险信息的传播过程中是随时间变化的,故将信息的扩散按时间分为三个阶段。

　　第一阶段是风险信息的爆发期 (0—2 天)。此时地震灾害非常严重,快速进入公众视野,并引起全社会的广泛关注,而官方对于地震灾害的成因、地震紧急救援等研究尚未深入,此时自由渠道传播的风险信息较多，所以官方渠道系数 p 比较小，自由渠道系数 q 在此期间有所增长。政府对地震带来的社会影响掌握不够，并且公众对地震的恐惧非常大，政府为了避免引起公众的心理恐慌或其他社会风险事件，将从技术层面对灾害信息进行一定处理后传播，故对地震风险信息的发布不完全真实，即官方渠道信息的真实率 α_1 偏低（但大于等于50%），而此时自由渠道传播的信息并没有基于对地震科学的研究报告，而是属于灾区个人或集体等组织对地震的自我认知，自由渠道信息的准确度 β_1 比较小。

第二阶段是风险信息的扩散期（2—4天）。这是地震风险信息传播的快速期和关键期，此时地震的报道力度较大，官方渠道系数 p 的影响快速上升，自由渠道系数 q 的影响稍有下降。随着对地震应急预案的研究逐渐深入，政府为了提醒公众注意防护地震，保护自身生命安全及其他损失防治，将提高官方渠道传播信息的真实率，故 α_1 有小幅上升；随着官方真实地震信息的报道增加，影响了自由渠道的信息扩散，信息准确度 β_1 增大。

第三阶段是风险信息的稳定期（4—12天）。此时官方传播地震信息的渠道更加畅通，报道力度和覆盖范围增大，政府开始实时监测并发布灾后的各种状况，并对公众加以提醒，对灾民予以支持和安慰。官方渠道系数 p 继续上升，而随着地震灾害社会风险的长时间蔓延和公众对政府应对管理的认识逐渐深入，公众通过自由渠道传播风险信息的可能性减小，自由渠道系数 q 继续下降。政府在这一阶段开始采取一系列风险控制措施，并向公众普及地震知识，随着舆情的稳定和公众对地震的认知度提高，政府逐渐恢复官方渠道信息的真实率，α_1 回升；自由渠道信息准确度 β_1 也继续上升。

（3）三种情景下的信息扩散模型参数灵敏度分析。

（4）基于情景信息扩散模型的地震灾害社会舆情风险演化仿真。分别模拟风险信息感知者总人数和两类风险信息感知者人数的阶段演化趋势，并对仿真结果进行分析。

（5）风险分析与风险控制。结合仿真结果对不同情景下的风险进行分析，并调整参数进行风险控制。

二　灵敏度分析及仿真结果

之所以要进行灵敏度分析，是因为信息扩散模型中涉及的系统参数不是一个定值，而是通过多次取值、模拟运算后得到的趋势结果和合适的平均值。用这种方法也能够分析出哪些参数的取值对模型影响比较大。本书通过多组数据模拟后分别取四组代表性参数值做灵敏度分析，以便最终确定最优参数组合。

（一）地震风险信息感知者总人数的阶段演化

根据本章第二节风险信息扩散模型可知，风险信息感知者总人数只与渠道系数有关，故只需要考虑各阶段 p、q 的变化值。根据前文的情景描述，取四组典型实验数据（Z_{1-4}）进行仿真模拟，具体的渠道系数取值组合如表 5 –2 所示。

表 5 – 2　　　　　　　　　渠道系数实验参数

	第一阶段	第二阶段	第三阶段
第 1 组数据（Z_1）			
$p_{(1)}$	0.2	0.5	0.8
$q_{(1)}$	0.8	0.5	0.2
第 2 组数据（Z_2）			
$p_{(2)}$	0.8	0.5	0.2
$q_{(2)}$	0.2	0.5	0.8
第 3 组数据（Z_3）			
$p_{(3)}$	0.3	0.5	0.6
$q_{(3)}$	0.7	0.5	0.4
第 4 组数据（Z_4）			
$p_{(4)}$	0.4	0.6	0.7
$q_{(4)}$	0.6	0.4	0.3

基于以上四组实验参数，将 $X(0) = Y(0) = 0$ 代入（5 – 8）式，得到以下四组实验结果图和不同组别参数整体对比图，具体如图 5 – 4 所示。

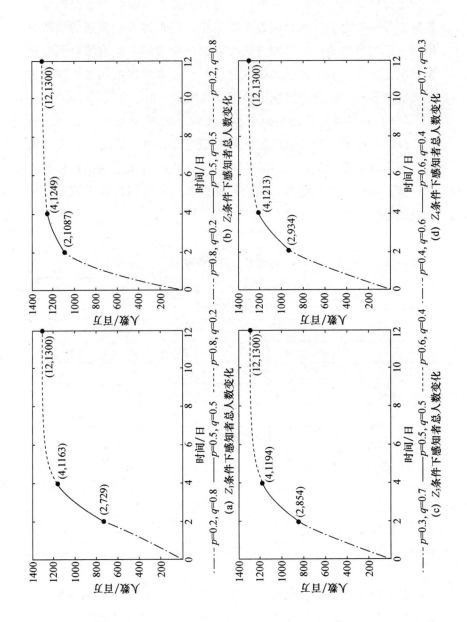

(a) Z_1条件下感知者总人数变化

(b) Z_2条件下感知者总人数变化

(c) Z_3条件下感知者总人数变化

(d) Z_4条件下感知者总人数变化

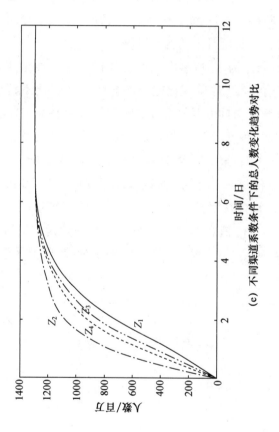

(e) 不同渠道系数条件下的总人数变化趋势对比

图 5-4　渠道系数的灵敏度分析

从图 5-4 可以看出，随着官方渠道系数 p 值的增大，第一阶段感知风险信息的总人数越多，增速也越快，这符合现实情况。因为官方渠道公布灾害风险信息的途径越多、速度越快，就会在一定程度掩盖自由渠道对风险信息的传播，占用自由渠道的部分信息传播通道。第二阶段与第一阶段的变化规律相似，而第三阶段初始两天规律同前两阶段，但从第六天开始，不论官方和自由渠道系数取多大值，其变化趋势基本一致，因为此时公众已经从各个渠道接收并感知了该次灾害及其所带来的各类风险。

此外，图中 Z_2 为 Z_1 取参数值的对比图，通过四组实验数据的模拟可知，只有 Z_2 组数据变化趋势差异较大，因此不符合社会现实，官方渠道系数和自由渠道系数的变化趋势应当为：p 逐渐增大，q 逐渐变小。所以取 Z_{1-3} 这三组实验数据的阶段平均值，第一阶段取 $p=0.3$、$q=0.7$；第二阶段取 $p=0.53$、$q=0.47$；第三阶段取 $p=0.7$、$q=0.3$。将该三阶段数据以及 $X(0)=Y(0)=0$ 代入（5-8）式，模拟公众对地震风险信息的总体感知情况，仿真后得到不同 t 时刻的风险信息感知者人数，及第一阶段（0—2 日）、第二阶段（2—4 日）、第三阶段（4—12 日）的信息扩散演化过程，如图 5-5 所示。

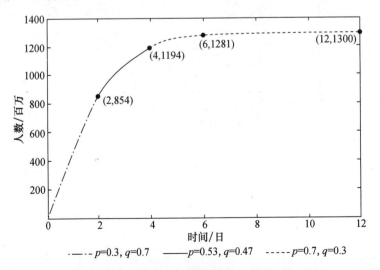

图 5-5　不同阶段风险信息感知者总人数的变化趋势

由图 5-5 可知，一方面，风险信息（包含真实风险信息和虚假风险信息）感知者总人数 $Z(t)$ 随着时间变化不断增加，进入稳定状态所需的时间为 6 天，说明前期政府和公众对地震带来的社会风险敏感度较低，且风险沟通的效率一般。另一方面，曲线在不同阶段的变化斜率不同，说明地震风险信息扩散的速度不同。

爆发期。截至第 2 天，感知到地震灾害的人数约为 8.54 亿人，占全国总人口的 65.7%，若将该曲线近似地看作一条直线，传播速度约为 4.27 亿人/日。这一阶段公众开始迅速感知到地震的发生、危害、救援等，此时风险信息的传播大部分来源于自由渠道，所以扩散速度不是特别快。

扩散期。截至第 4 天，感知到地震灾害的人数从 8.54 亿上升到 11.94 亿，占全国总人口的 91.8%，若将该曲线近似地看作一条直线，传播速度约为 1.7 亿人/日，相比于第一阶段有明显的增大。这是因为随着官方渠道系数 p 不断增大，自由渠道系数 q 不断减小，曲线逐渐陡峭，斜率增大，说明感知风险信息总人数趋于稳定状态的速度越快，政府的介入有显著的作用。站在社会公众的角度，若短时间内感知到地震风险信息的人越多，越多的人能及时地提供帮助、传播正能量。所以灾后官方渠道传播信息越多，正确风险信息达到稳定状态的时间越早，政府应在该阶段加大官方信息传播扩散覆盖范围。

稳定期。该阶段从第 5 天到第 12 天，感知地震风险信息的人数仍有小幅增长，到第 6 天达到稳定状态，人数约为 12.8 亿人，占总人口的 98.5%。虽然官方渠道系数 p 继续增大，自由渠道系数 q 继续减小，但信息扩散的速度并没有继续增大，反而逐渐减小最后趋近于 0。这是因为第二个阶段结束后已有 91.8% 的人感知到了地震风险信息，虽然媒体对风险信息的报道增加，但公众却对地震的敏感度相对最开始有所降低，所以扩散速度减小。

（二）两类风险信息偏好者人数的阶段演化

根据风险信息扩散模型可知，真实信息偏好者人数与渠道系数 p、q 和官方渠道信息真实率 α_1 与自由渠道信息准确度 β_1 有关，虚假信息偏好者人数与渠道系数 p、q 和官方渠道信息虚假率 α_2 与自由渠道信息失真度 β_2 有关。根据前文的情景描述，取四组典型实验数据进行仿真模拟，$(X_{1-4}Y_{1-4})$ 四组实验数据取值规律为：α_1、β_1 逐渐增大；α_2、β_2 逐渐减小，各组实验参数取值如表 5-3 所示。

表 5-3 不同渠道的实验信息参数

	第一阶段	第二阶段	第三阶段
第 1 组数据（X_1Y_1）			
$\alpha_{1(1)}$	0.5	0.6	0.8
$\alpha_{2(1)}$	0.5	0.4	0.2
$\beta_{1(1)}$	0.3	0.6	0.8
$\beta_{2(1)}$	0.7	0.4	0.2
第 2 组数据（X_2Y_2）			
$\alpha_{1(2)}$	0.6	0.7	0.9
$\alpha_{2(2)}$	0.4	0.3	0.1
$\beta_{1(2)}$	0.2	0.7	0.9
$\beta_{2(2)}$	0.8	0.3	0.1
第 3 组数据（X_3Y_3）			
$\alpha_{1(3)}$	0.7	0.8	0.9
$\alpha_{2(3)}$	0.3	0.2	0.1
$\beta_{1(3)}$	0.4	0.5	0.7
$\beta_{2(3)}$	0.6	0.5	0.3
第 4 组数据（X_4Y_4）			
$\alpha_{1(4)}$	0.8	0.9	1.0
$\alpha_{2(4)}$	0.2	0.1	0.0
$\beta_{1(4)}$	0.5	0.6	0.9
$\beta_{2(4)}$	0.5	0.4	0.1

以上四组实验信息参数仿真是在上一阶段有效渠道系数取值的基础上进行的，即第一阶段 $p=0.3$、$q=0.7$；第二阶段 $p=0.53$、$q=0.47$；第三阶段 $p=0.7$、$q=0.3$，并将 $X(0)=Y(0)=0$ 代入

（5-6）式，用MATLAB模拟公众对地震社会舆情风险信息不同的偏好趋势，仿真后得到2014年8月12天不同t时刻真实和虚假风险信息偏好者人数的演化趋势，四组实验结果如图5-6所示。

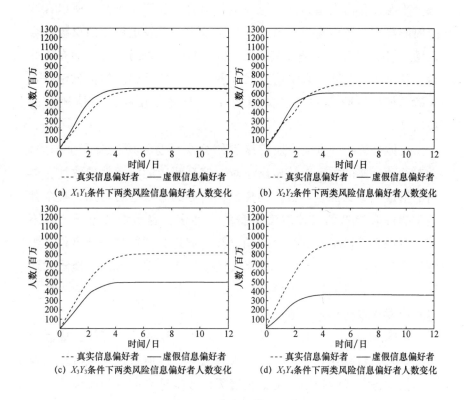

图5-6　参数灵敏度分析

综合图5-6可知，两类风险信息偏好者人数随时间发展逐渐增加。随着官方渠道信息真实率α_1和自由渠道信息准确度β_1的增大，以及官方渠道信息虚假率α_2和自由渠道信息失真度β_2的减小，真实信息偏好者的人数增长速度比虚假信息偏好者人数增长速度大，偏好总人数也较大，这说明通过增大信息传播的真实程度，有利于促进真实风险信息偏好者人数大于虚假信息偏好者人数，能达到减小社会舆情风险信息扩散演化的目标。

此外，具体看四组不同实验结果图，图5-6中（a）图显示：

当第一阶段官方渠道信息真实率与虚假率相同，第二阶段逐渐增大时，社会上偏好相信虚假信息的人更多。这表明，此时伴随着风险信息的爆发和扩散，传播风险信息的真实度较低，谣言偏多，且大部分来源于自由渠道，该渠道报道的信息真实度也不高，所以在这个时间段内，很容易引起风险的社会放大，爆发更严重的次级社会风险。（b）图显示：通过稍微增大 α_1 和 β_1，情况较（a）图有所好转，从第 3 天开始，真实信息偏好者人数开始反超虚假信息偏好者人数，但第一阶段和第二阶段的头一天仍存在社会舆情风险的威胁。

具体分析：一方面，地震爆发使公众切身经历生命安全损失，并对这种现实的灾害威胁做出应对，信息解读的随意性导致社会舆情的形成，这更加重了公正的焦虑，内心的恐惧短暂增加，整个社会掌握虚假信息的人比真实信息的人还多，容易增加由于公众不满、焦虑和恐慌引发的社会活动，甚至演化为群体性公共事件，影响社会稳定。另一方面，掌握真实信息的人越多，人们对地震的认识越充分，了解到地震灾害发生后各种自救手段，就能促使人们从自身出发采取行动减少地震灾害。

从图 5 - 6（a）、（b）两图可以看出，第一阶段开始，虚假信息偏好者人数就比真实信息偏好者人数多，政府可以在该阶段采取一定措施进行风险控制，由于政府无法改变公众获取地震风险信息的渠道，但可以对自由渠道传播信息的准确度进行监管，所以通过控制调整各阶段的参数值，有利于应对灾后社会风险。从（c）、（d）两图可以看出，当从第一阶段开始即增大 α_1 和 β_1，且 $\alpha_1 \geq 0.7$，$\beta_1 \geq 0.4$，在风险信息传播扩散的三阶段逐渐增大时，有利于增加每一阶段真实风险信息偏好者人数和减少虚假风险信息偏好者人数，并且从第一阶段开始就出现此理想情况，有助于控制地震社会舆情风险的进一步放大。为了进一步验证增大 α_1 和 β_1 对真实和虚假信息偏好者人数的影响，对四组参数条件下的两类风险信息偏好者人数实验结果进行对比，如图 5 - 7 所示。

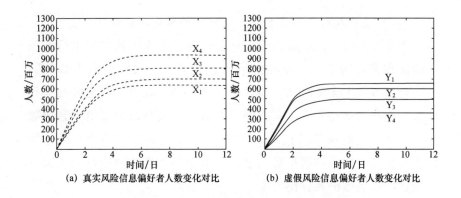

(a) 真实风险信息偏好者人数变化对比　　(b) 虚假风险信息偏好者人数变化对比

图 5 - 7　（X₁₋₄ Y₁₋₄）条件下两类风险信息偏好者人数的变化对比

由图 5 - 7 可知，官方和自由渠道风险信息传播的真实程度越高，真实信息偏好者人数越趋于稳定，并在模型仿真周期内达到更高的上限；反之，虚假风险信息偏好者人数表现出相反的趋势变化规律。

综上可知，在风险信息传播扩散的第一阶段和第二阶段，政府应该对地震灾害的信息传播给予高度重视，加大官方信息的覆盖率，尤其是在第一阶段要对自由渠道媒体发布的信息进行监管，在保证言论相对自由的前提下禁止夸张谣言信息的散布，增大信息报道的真实率。

三　应对策略

以上分析了地震灾害风险信息的扩散过程，为今后研究重大地震灾害社会风险信息扩散提供了基础，也为政府今后应对地震灾害引发的舆情风险提供了应对建议。

（一）加大官方渠道传播地震灾害风险信息的力度

为了尽早使感知地震风险信息的人进入稳定状态，让所有人尽快了解地震灾害爆发的实际情况，政府要在地震灾害发生后的第一、第二阶段，扩大官方渠道传播信息的范围，增加传播途径，尤其在第二阶段，此阶段是信息扩散速度最快的时期，政府应在该阶段加大官方信息传播扩散的覆盖范围。

（二）政府及时介入并加强关键时期的社会风险预防

政府应及时介入地震风险信息的传播，因为在地震发生后的第一阶段和第二阶段中，存在虚假信息人数多于真实信息人数的时期，且持续约 1 天的时间，在这一关键时期，政府应制定好社会风险扩大的防治策略。由于官方渠道系数的增大和自由渠道系数的减小，有利于虚假信息传播的可能性，也可减少社会心理恐慌。所以，要在虚假信息传播扩散之前建立健全的渠道传播机制，扩大官方渠道的覆盖范围和宣传力度。

（三）提高风险沟通水平

政府要实现良好的风险沟通，就必须处理好及时、适度与平等的沟通原则，破除风险沟通的三重障碍，克服风险沟通各种制约因素的负面效应，从而实现与公众、媒体之间较高的风险沟通水平。并正确引导灾害应急管理机构、媒体、民众、企业等社会角色之间的风险沟通，使消息传播真实有效，应急管理及时，民众处于风险传播和演化的积极面。

同时，政府必须加强对地震灾害信息沟通的引导和管控。管控并不代表刻意地屏蔽地震相关信息的传播，要充分考虑传播方式可能带来的负面影响，考虑到公众认知和专家认知的区别与矛盾，对地震信息的内容、编码方式、渠道的选择进行分类和引导。

第四节　本章小结

本章以云南省昭通市鲁甸县重大地震灾害为例，采用改进的 BASS 模型研究社会舆情风险演化机理及应对策略。灾后舆情风险信息的扩散分为爆发、扩散及稳定三个阶段，通过构建基于改进 BASS 模型的风险信息扩散模型，设定每个阶段不同的参数，采用 MATLAB 软件进行仿真分析，动态模拟重大地震灾害舆情风险信息的扩散过程。仿真结果表明，总人数达到稳定状态的时间为第 6 天，其中第二阶段舆情风险信息传播扩散的速度最快，政府应在第一、第二阶段加大官方渠道信息的覆盖范围。而在第一阶段和第二阶段的中间约 1 天的时间内，虚假信息偏好者人数多于真实信息偏好者人数，政府应在这一关键时期加强关注，预防重大地震灾害社会风险的放大。此外，政府还需实现与公众、媒体之间高效的风险沟通，使消息传播真实有效。

第六章 社会稳定风险演化机理及应对策略

近年来我国南方地区重大洪涝灾害频繁发生，受灾人数和损失也呈现明显上升趋势，隐藏着较大的社会稳定风险。因此，本章以四川省雅安市和湖南省怀化地区农村重大洪涝灾害为例，重点研究社会稳定风险演化机理及应对策略，包括社会稳定风险识别、社会稳定风险演化规律、应对策略及社会稳定风险评价等。

第一节 基于生命周期的重大洪涝灾害社会稳定风险识别

一 重大洪涝灾害生命周期

生命周期（Life Cycle）源于生物学，其基本含义可以通俗地理解为"从摇篮到坟墓"（Cradle – to – Grave）的整个过程。由于洪涝灾害具有周期长、涉及社会稳定范围广、社会稳定不确定性因素多等特点，将洪涝灾害分为几个阶段将有助于对洪涝灾害过程中社会稳定风险全面系统的识别与管理。

重大洪涝灾害的生命周期（the life cycle of floods）是指从洪涝灾害孕灾因子产生之时到洪涝灾害完全消亡的整个过程。

二 重大洪涝灾害生命周期的划分

本章将对洪涝灾害生命周期划分为孕育期、发展期、爆发期、衰退期、消亡期五个阶段，其基本框架如图 6 – 1 所示。

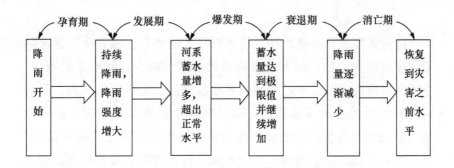

图 6 - 1　重大洪涝灾害生命周期阶段

（一）孕育期

孕育期是洪涝灾害酝酿阶段，是从降雨开始及其降雨强度、时间持续增长的渐变过程。此时的洪涝灾害还处于萌芽状态，属于正常自然现象，一般不会引起政府部门关注，因此也为后来的洪涝灾害埋下了隐患。

（二）发展期

发展期是事物存在到成熟的过程，本章将洪涝灾害的发展阶段定义为持续降雨到地表水量、河系蓄水量逐渐增多，超出正常水量水平并呈现强劲增长的过程。此时的洪涝灾害虽尚未爆发，却已引起社会关注，很容易渐进成洪涝灾害，是洪涝灾害生命周期里较为关键阶段。因此，此阶段的出现，相关政府部门应当有防范意识并做好相应的预防措施，以尽可能减少灾害损失。

（三）爆发期

爆发期是降雨量达到一定程度并对生态环境造成灾害的过程，即降雨量超出正常水平达到区域蓄水量的极限值，并进一步超过极限值从而对生态环境造成巨大危害的过程，属于洪涝灾害生命周期中最为关键的阶段。该阶段降雨量增加速度远高于发展期速度，河系等蓄水工程蓄水量达到极限导致工程损坏进而引发洪水泛滥，一些人为因素的存在更加剧了洪涝灾害对社会的损害程度。与此同时，社会救援行动也已大规模展开，尽量将损失降到最低。

（四）衰退期

洪涝灾害的衰退期是降雨量达到最大值之后，随着降雨量及降雨强度的减少，加之温度升高造成地表水分减少，使得水量减少，进而灾害程度逐渐减少的过程。该阶段洪涝形势虽有所减弱，但该阶段会发生洪涝灾害演化，一系列的次生灾害（泥石流、山体滑坡）也会因此发生，因此该阶段对生态环境造成的危害并未减少，反而在某种程度上愈演愈烈。衰退期洪涝灾害形势有所控制，救灾工作也亦进入尾声阶段。

（五）消亡期

洪涝灾害的消亡阶段是地表水逐渐减少，直至恢复到灾害发生之前的状况。该阶段自然状态（降雨等气候条件）恢复正常，洪涝灾害对生态环境造成的危害逐渐消失，救灾工作也随之停止，但灾后重建等恢复性生产社会活动开始全面展开。

洪涝灾害生命周期各阶段之间没有严格意义上的划分，各个阶段之间是相互联系的，不是完全分割的。

三　重大洪涝灾害社会稳定风险识别

重大洪涝灾害社会稳定风险识别是社会稳定风险管理的关键步骤，如果对洪涝灾害发生的时间、规模及其对社会稳定引起的后果等所做出的判断与实际有较大的偏差，将会导致后续的防治措施采取不当，会增大社会稳定的风险，引起严重的社会稳定问题。洪涝灾害生命周期下社会稳定风险识别就是依据洪涝灾害发生的各阶段系统全面地分析洪涝灾害发展影响因素风险及洪涝灾害对社会稳定造成的危害风险。

（一）重大洪涝灾害社会风险识别流程

风险识别必须系统、严格、持续地进行，并恰如其分地评价其后果的严重性。重大洪涝灾害社会稳定风险识别过程分为以下六个步骤，如图 6 - 2 所示。

1. 确定洪涝灾害所处阶段

不同阶段所面临的社会稳定风险因洪涝灾害发展程度的不同而不同，确定洪涝灾害所处的阶段能够全面地识别风险，明确各阶段

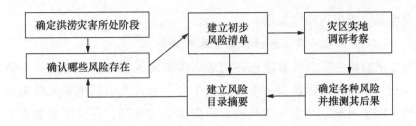

图6-2 重大洪涝灾害社会风险识别流程

所面临的风险，有利于部门能够有针对性地部署工作。依据一系列相关数据（降水量、降雨强度、危害程度等）统计及长久以来积累的经验确定洪涝灾害所处的阶段。

2. 确认哪些风险存在

首先要查阅相关文献或该地区之前发生洪涝灾害记录，根据现有资料并与其他地区其他风险进行比较，概括总结风险，辨别推测或发现风险因素的存在是否具有不确定性。

3. 建立初步风险清单

列出已经确定存在的风险以及尚不确定的风险，包括该阶段洪涝灾害发展趋势的影响因素风险及对社会稳定造成的灾害风险。初步风险清单的建立有利于之后风险识别有条不紊地进行。

4. 灾区实地调研考察

由于初步风险清单中一些风险存在不确定性，再加上灾情发展变化，一些我们不知道的风险可能出现，实地调研考察就可以更加全面地把实际风险识别出来，做到理论联系实际，使风险识别更具现实意义，为实际灾害预防防治工作提供实际依据。

5. 确定各种风险并推测其后果

通过实地调研考察得出最终确定的风险，分析与其相关的各种可能存在的合理性后果。风险后果的分析能涵盖各个方面，避免后果遗漏造成灾害影响扩大。

6. 建立风险目录摘要

将所有风险分析汇总并依其风险影响范围及程度列出风险的轻

重缓急，绘出风险印象图。

（二）重大洪涝灾害社会稳定风险分析

根据相关资料及湖南省怀化地区洪涝灾区实地调研考察，分析调查结果得知，洪涝灾害生命周期下社会稳定面临的主要风险包括致灾因子风险、孕灾环境风险、承灾体危害风险，在整理相关文献的基础上得到相关社会稳定风险关联因素如表6-1所示。

表6-1　　　　　　　　社会稳定风险关联因素

社会稳定风险	风险关联因素	来源
致灾因子风险	降雨强度；降雨持续时间；降雨频率；降雨概率；降水分布时空均匀性等	余文金等（2011）赵思建（2012）
孕灾环境风险	天气气候；地质地貌；河网密度；海拔高度；距河距离；坡度；植被覆盖率；高度差；人类活动；防洪减灾能力；经济发展状况；年龄；收入；文化程度等	马国斌等（2011）谷洪波等（2012）徐新创等（2011）田立中等（2012）莫建飞等（2010）
承灾体危害风险	经济损失；交通事故；物资缺乏；生产生活困难；哄抢购物；流言及群体行为；市场供应紧张等	徐选华（2012）

由表6-1中的社会稳定风险关联因素，结合洪涝灾害生命周期各个阶段的特征，各阶段面临的风险关系如图6-3所示。

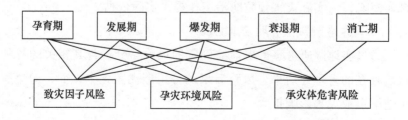

图6-3　重大洪涝灾害生命周期各阶段社会稳定主要风险关系

1. 致灾因子风险

重大洪涝灾害发生的根本原因是降雨持续时间过长且降雨强度过大，这也是导致洪涝灾害发生的直接因素，降水分布时空不均匀间接地造成洪涝灾害的发生。致灾因子风险存在于孕育期、发展期、爆发期及衰退期。这四个时期一直有降雨现象，降雨持续时间及强度直接影响洪涝灾害的大小，进而很大程度决定对生态环境造成危害的大小。

2. 孕灾环境风险

孕灾环境包括地形因素、河网水系、植被覆盖率及一些人为因素等，其中防洪减灾能力很大程度上影响洪涝灾害发展态势。地形因素在降雨的再分配方面起着至关重要的作用，影响洪水的排泄，进而影响灾区被淹没程度；河流等水系的分布与洪涝灾害发生与否有着密切的关系（马国斌等，2011）。人类活动（砍伐树木、侵占耕地等）破坏生态，水利设施长久失修，蓄水设施蓄洪泄洪能力差，强大降雨量一旦发生，洪涝灾害就很容易发生（谷洪波等，2012）。此外，社会的经济发展状况、居民年龄、收入、文化程度等都影响着人们的心理素质，在面对洪涝灾害时，上述因素在很大程度上影响人们应对洪涝灾害时的情绪和能力，直接影响社会秩序的稳定。

孕灾环境风险主要存在于孕育期、发展期、爆发期与衰退期四个阶段。孕灾环境与致灾因子结合在一起，给洪涝灾害生命周期四个阶段造成隐患风险，这些风险在洪涝灾害发展态势上起着重要的决定作用，在深层次上影响洪涝灾害对社会稳定的危害程度。

3. 承灾体危害风险

承灾体是致灾因子作用的最终对象（田玉刚等，2011），本章中的承灾体是洪涝灾害对社会稳定造成危害的承担体，归纳起来即为社会经济损失和社会稳定秩序，所有风险最终都反映到这两个方面。致灾因子风险和孕灾环境风险最终也反映在承灾体风险上。洪涝灾害不论程度大小都会对承灾体造成危害，所以承灾体危害风险贯穿于洪涝灾害生命周期全阶段，因此承灾体危害风险是风险识别中最重要的部分，也是风险管理中的关键部分。为此，在对四川省雅安市 2013 年 8 月的洪涝灾害及湖南省怀化市 2014 年 7 月的洪涝灾害调研基础上，给出了洪涝灾害对承灾体造成风险及各种风险之间的关联，如图 6-4 所示。洪涝灾害直接造成房屋倒塌、电力设施破坏、交通受阻中断、通信中断、农作物受损等经济损失风险，进而造成交通事故、灾民居无定所、社会大众恐慌、市场供应紧张等社会稳定风险，最终引发物价上涨、流言及群体行为、生产生活困难、哄抢购物等严重的社会稳定风险，而各个风险之间的相互关系，使得风险之间相互影响，错综复杂。

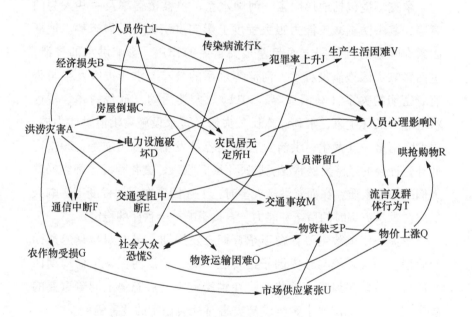

图 6-4 重大洪涝灾害对承灾体造成风险关系

目前，关于各类风险识别很多学者已经做了大量的研究。马林（2005）基于 SCOR 模型对供应链风险进行了识别与管理，张友棠和黄阳（2011）基于行业环境对企业财务风险进行了识别、预警、控制研究，韩传峰等（2006）基于故障树分析对建设工程风险进行了识别，宁钟和王雅青（2007）基于情景分析对供应链风险进行了识别，孟凡等（2012）基于风险管理理念对电网企业外部风险进行了识别。目前，针对洪涝灾害生态环境风险识别的方法研究还很少，由于所处的识别环境不一样，其他行业领域的风险识别方法不能应用到洪涝灾害社会稳定风险识别研究中；而能够应用到洪涝灾害社会稳定风险识别研究中的识别方法，虽然能够识别出洪涝灾害社会稳定风险，却不能够适应洪涝灾害发展的动态特点。下面以实际具体例子来说明基于生命周期的重大洪涝灾害社会稳定风险识别方法的优势。

以湖南省怀化地区为例，若采用层次分析法对其重大洪涝灾害社会稳定风险识别，部分风险识别如图6-5所示。

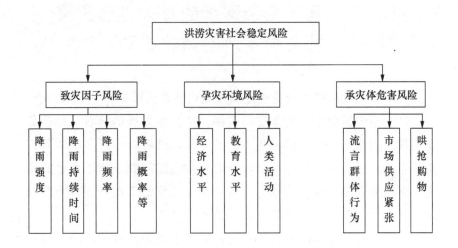

图6-5　基于层次分析法对重大洪涝灾害社会稳定风险识别

与图6-3相比较，可以看出，两种方法都能够系统全面地将湖南省洪涝灾害社会稳定风险识别出来。洪涝灾害的发生过程并不是一个静止不动的过程，而是一个动态的、错综复杂的过程。随着时间的推进，洪涝灾害本身的态势也在不断地变化，洪涝灾害社会稳定风险也会随之发生动态变化。鉴于此，在洪涝灾害发生的过程中，基于生命周期的洪涝灾害社会稳定风险识别将各种风险依据洪涝灾害周期进行分类。在灾害发生过程中，基于生命周期的洪涝灾害社会稳定风险识别首先依据洪涝灾害的发展态势确定洪涝灾害所处的阶段，根据所处阶段就能够详细掌握其所面临的风险，相关部门根据洪涝灾害所处的阶段所面临的风险采取相应的措施，为后续的洪涝灾害社会稳定风险的评估和管理工作做好准备工作。以消亡期为例，据灾害发展态势确定灾害处于消亡期，相关部门只需要准备承灾体危害风险的措施就可有效对风险进行管理，避免浪费物资资源。这样一方面能有效处理风险，减少损失；另一方面也能节约资源，在一定程度上保证洪涝灾害社会稳定风险管理工作高效有序地进行，大大减少时间资源的浪费。

第二节　基于复杂网络的重大洪涝灾害社会稳定风险演化机理

一　重大洪涝灾害社会稳定风险演化特点分析

社会稳定是国家长治久安的前提，是社会发展的基石。社会稳定问题一直都是全球关注的焦点，备受国内外各级政府和学术研究工作者的广泛关注。国内外学者针对社会稳定问题进行了大量的研究，在很大程度上提高了社会对维护稳定工作意义的认识，为政府维护社会稳定工作提供了理论基础和实践帮助。

目前，有关社会稳定的研究大多局限于政治、政策、经济等一直存在于社会生活中的因素（汪大海等，2012），很少涉及洪涝灾害。在中国，洪涝灾害是一种非常常见而且频繁发生的自然灾害，如截至 2013 年 8 月 27 日 9 时统计，哈尔滨市巴彦县、双鸭山市饶河县、绥化市肇东市 9.6 万人受灾，近 1000 人紧急转移安置，农作物受灾面积 63.9 千公顷，直接经济损失 2.6 亿元。一方面，洪涝灾害破坏了社会生存环境，影响经济发展，造成人员伤亡，对人类造成了极大的破坏；另一方面，洪涝灾害具有极强的后效效应，某地区发生洪涝灾害后，灾区生活和经济需要一段相对较长的时间才能恢复正常。2013 年 10 月 9 日，浙江余姚市遭遇新中国成立以来最严重水灾，城市受淹直接经济损失 15.2 亿元，引发物资哄抢，民众围堵卫星转播车，砸坏警车，近万市民在市政府门外聚集，对社会稳定带来了巨大的潜在风险，造成了重大的社会稳定风险。由此看来，重大洪涝灾害对社会造成了巨大的影响，引发了很多的社会稳定风险，阻碍了社会的稳定发展。

针对上述问题，基于复杂网络对洪涝灾害社会稳定风险演化进行研究，将复杂网络的拓扑图中的出入度及紧密度指标知识结合起来对复杂网络模型进行改进，并应用到重大洪涝灾害社会稳定风险研究中，对重大洪涝灾害社会稳定风险演化进行分析。

二 重大洪涝灾害社会稳定风险演化拓扑结构模型

(一) 重大洪涝灾害社会稳定风险拓扑结构构建

重大洪涝灾害社会稳定风险系统结构是由洪涝灾害直接引发的经济损失、房屋倒塌、电力设施破坏、交通受阻中断、通信中断、农作物受损及其引发的一系列次生社会稳定风险构成。本章在对四川省雅安市 2013 年 8 月的洪涝灾害及湖南省怀化市 2014 年 7 月的洪涝灾害调研基础上，将调研资料整理分析之后，再综合文献 (Ouyang M. et al., 2008) 的研究，确立 22 个社会稳定风险及各个风险之间的出入关系，给出了洪涝灾害社会稳定风险演化拓扑结构，见上一节中洪涝灾害对承灾体造成风险关系拓扑结构即图 6-4。

(二) 重大洪涝灾害社会稳定风险拓扑结构分析

重大洪涝灾害社会稳定风险演化拓扑结构中共有 22 个节点和 39 条有向边。其中 22 个节点代表 22 个社会稳定风险事件，其中包括始端节点（没有入度）洪涝灾害、末端节点（没有出度）流言及群体行为及处于始端节点和末端节点之间的演化风险节点；39 条有向边表明各个节点之间的相互演化关系。

三 复杂网络紧密度指标

(一) 紧密度指标

紧密度指标 (closeness centrality) 用于刻画网络中的节点通过网络到达网络中其他节点的难易程度，其值定义为该节点到所有其他节点最短距离之和的倒数。

设网络具有 n 个节点，则节点 x 的紧密度指标定义为：

$$C_C(x) = \left[\sum_{y-1}^{n} d_{xy}\right]^{-1} \qquad (6-1)$$

其中，d_{xy} 表示节点 x 与节点 y 之间的最短距离。

在具有 n 个节点的网络中，节点 x 到达所有其他节点的距离之和不会小于 $n-1$（$d_{xy} \geq 1$，故 $\sum_{y-1}^{n} d_{xy} \geq n-1$），故归一化的紧密度指标定义为：

$$\overline{C_C(x)} = (n-1)C_C(x) \qquad (6-2)$$

紧密度指标是节点 x 通过网络对其他节点施加影响的能力，能反映网络全局的结构。

（二）紧密度指标的改进

复杂网络紧密度指标应用局限在结点之间无方向（即无出入度之别）的网络模型，考虑到本章中复杂网络拓扑结构中节点有方向，将紧密度指标进行如下改进。

考虑网络节点 x 有出入度之分，故定义：

$$C_C(x)_1 = \left[\sum_{y-1}^{n} d_{x \to y}\right]^{-1} \qquad (6-3)$$

$$C_C(x)_2 = \left[\sum_{y-1}^{n} d_{y \to x}\right]^{-1} \qquad (6-4)$$

$d_{x \to y}$ 和 $d_{y \to x}$ 分别表示节点 x 到节点 y 的最短距离、节点 y 到节点 x 的最短距离。$C_C(x)_1$ 和 $C_C(x)_2$ 分别表示节点 j 的出度紧密度指标和入度紧密度指标。为了方便计算，规定直接相连的两个节点之间的距离等于 1。

对于节点 x，其在出度和入度所处的位置重要程度相同，所以我们定义节点 x 的紧密度指标为：

$$C_C(x) = \frac{1}{2}[C_C(x)_1 + C_C(x)_2] \qquad (6-5)$$

归一化得：

$$\overline{C_C(x)} = \frac{1}{2}(n-1)[C_C(x)_1 + C_C(x)_2]$$

$$= \frac{1}{2}(n-1)\left\{\left[\sum_{y-1}^{n} d_{x \to y}\right]^{-1} + \left[\sum_{y-1}^{n} d_{y \to x}\right]^{-1}\right\} \qquad (6-6)$$

改进的紧密度指标反映了节点 x 在整个社会稳定风险演化过程中的重要程度，$\overline{C_C}(x)$ 的值越大，表明节点 x 在风险演化过程中越重要，对风险演化发展态势的影响越大。

四　重大洪涝灾害社会稳定风险演化分析

（一）社会稳定风险节点之间的距离分析

将改进紧密度指标用到社会稳定风险演化分析中，经过对洪涝灾害社会稳定风险演化拓扑结构的分析，结合距离 d_{xy} 定义，可得出相应节点之间的距离，如表 6-2 所示。

表 6-2　　　　　　　　相应节点之间的距离

x距离y	A	B	C	D	E	F	G	H	I	J	K	L	M	N	O	P	Q	R	S	T	U	V
A	—	1	1	1	1	1	1	2	2	2	3	2	2	3	2	3	3	4	2	3	2	2
B	—	—	—	—	—	—	1	—	1	—	—	—	—	2	—	—	—	—	2	3	—	—
C	—	1	—	—	—	—	1	1	2	2	—	—	—	—	—	—	—	—	3	3	—	—
D	—	—	—	—	1	1	5	3	5	4	2	2	2	2	3	4	5	2	3	—	—	1
E	—	—	—	—	—	—	4	2	4	3	1	1	2	1	2	3	4	3	3	—	—	—
F	—	—	—	—	—	—	—	—	—	—	—	—	—	—	—	—	—	1	1	—	—	—
G	—	—	—	—	—	—	—	—	—	—	—	—	—	2	2	3	3	4	1	—	—	—
H	—	—	—	—	—	—	—	—	—	—	—	—	—	1	—	—	—	—	1	—	—	—
I	—	1	—	—	—	—	2	—	—	2	1	—	1	—	—	—	—	2	2	—	—	—
J	—	—	—	—	—	—	—	—	—	—	—	—	—	1	—	—	—	—	1	2	—	—
K	—	—	—	—	—	—	—	—	—	—	—	—	—	—	—	—	—	1	2	—	—	—
L	—	—	—	—	—	—	—	—	—	—	—	—	—	1	—	1	2	3	2	2	—	—
M	—	2	—	—	—	—	—	3	1	3	2	—	—	2	—	—	—	—	3	3	—	—
N	—	—	—	—	—	—	—	—	—	—	—	—	—	—	2	—	1	—	—	—	—	—
O	—	—	—	—	—	—	—	—	—	—	—	—	—	—	—	1	2	3	2	—	—	—
P	—	—	—	—	—	—	—	—	—	—	—	—	—	—	—	—	1	2	1	2	—	—
Q	—	—	—	—	—	—	—	—	—	—	—	—	—	—	—	—	—	1	2	—	—	—
R	—	—	—	—	—	—	—	—	—	—	—	—	—	—	—	—	—	—	1	—	—	—
S	—	—	—	—	—	—	—	—	—	—	—	—	—	—	—	—	—	—	—	1	—	—
T	—	—	—	—	—	—	—	—	—	—	—	—	—	—	—	—	—	—	—	—	—	—
U	—	—	—	—	—	—	—	—	—	—	—	—	—	—	—	1	1	2	2	—	—	—
V	—	—	—	—	—	—	—	—	—	—	—	—	—	1	—	—	—	—	2	—	—	—

注："—"表示对应的值不存在，即相对应的节点 x 和节点 y 之间没有演化路径。

（二）社会稳定风险节点紧密度

根据（6-3）式至（6-6）式，可得出相关紧密度指标数值，如表6-3所示。

表6-3　　　　　　　　各个节点相关紧密度指标数值

节点指标	出度紧密度 $Cc\,(x)_1$	入度紧密度 $Cc\,(x)_2$	节点紧密度 $Cc\,(x)$	紧密度归一化 $\overline{C_C\,(x)}$
A	0.0233	—	—	—
B	0.1111	0.2000	0.1556	3.2667
C	0.0667	1.0000	0.5333	11.2000
D	0.0222	1.0000	0.5111	10.7333
E	0.0303	0.5000	0.2652	5.5682
F	0.5000	0.5000	0.5000	10.5000
G	0.0667	1.0000	0.5333	11.2000
H	0.5000	0.0556	0.2778	5.8333
I	0.0909	0.1111	0.1010	2.1212
J	0.2500	0.0579	0.1513	3.1777
K	0.3333	0.0667	0.2000	4.2000
L	0.0909	0.2000	0.1455	3.0545
M	0.0526	0.2000	0.1263	2.6526
N	0.3333	0.0556	0.1944	4.0833
O	0.0909	0.2000	0.1455	3.0545
P	0.1667	0.0770	0.1228	2.5577
Q	0.3333	0.0556	0.1944	4.0833
R	1.0000	0.0345	0.5172	10.8621
S	1.0000	0.0333	0.5167	10.8500
T	—	0.0213	—	—
U	0.1111	0.3333	0.2222	4.6667
V	0.3333	0.3333	0.3333	7.0000

注："—"表示相应数值不存在。

（三）社会稳定风险等级划分

根据紧密度指标的含义，结合表6-3的计算结果，可将重大洪涝灾害社会稳定风险演化过程中的危机事件划分等级。节点 x 的 $\overline{C_C(x)}$ 值越大，节点 x 所代表的危机事件就越严重。具体等级划分结果如表6-4所示。$\overline{C_C(x)}$ 取值大都在0—10范围内，因此本章以中间值为划分基准，即以 $\overline{C_C(x)}=5$，10作为等级划分的临界点；作为始端节点的洪涝灾害 A 和末端节点流言及群体行为 T 不纳入等级划分范围。

表6-4　　重大洪涝灾害社会稳定危机事件的风险等级划分

节点	对应危机事件	$\overline{C_C(x)}$	危机事件风险级别
C	房屋倒塌	11.2000	一级
G	农作物受损	11.2000	一级
R	哄抢购物	10.8621	一级
S	社会大众恐慌	10.8500	一级
D	电力设施破坏	10.7333	一级
F	通信中断	10.5000	一级
V	生产生活困难	7.0000	二级
H	灾民居无住所	5.8333	二级
E	交通受阻中断	5.5682	二级
U	市场供应紧张	4.6667	三级
K	传染病流行	4.2000	三级
N	人员心理影响	4.0833	三级
Q	物价上涨	4.0833	三级
B	经济损失	3.2667	三级
J	犯罪率上升	3.1777	三级
L	人员滞留	3.0545	三级
O	物资运输困难	3.0545	三级
M	交通事故	2.6526	三级
P	物资缺乏	2.5577	三级
I	人员伤亡	2.1212	三级

从表6-4的重大洪涝灾害社会稳定危机事件的风险等级划分结果可以看出，在整个洪涝灾害社会稳定风险演化过程中，房屋倒塌、农作物受损、哄抢购物、社会大众恐慌、电力设施破坏和通信中断对整个洪涝灾害社会稳定风险演化系统的影响最大，很大程度上决定了社会稳定风险演化态势，其中房屋倒塌和农作物受损影响最为严重。一级危机事件中的房屋倒塌、农作物受损、哄抢购物、电力设施破坏和通信中断是由洪涝灾害直接引发的，它们是与人们的生活息息相关的，直接影响着人们的衣食住行，它们的存在将会直接导致后续一系列社会稳定风险的产生。社会大众恐慌从人们心理角度反映洪涝灾害对社会稳定的危害。

洪涝灾害导致的生产生活困难、灾民居无住所和交通受阻中断属于二级危机事件范畴。三级危机事件中，市场供应紧张、传染病流行、人员心理影响、物价上涨对整个洪涝灾害社会稳定风险演化系统的影响最为显著。

五 重大洪涝灾害社会稳定风险应对策略

从表6-4中的重大洪涝灾害社会稳定危机事件的风险等级划分结果可以看出，$\overline{C_c(x)}$ 值较大的危机事件，即对社会稳定风险演化系统影响较大的危机事件，都是与人们生活关系较为密切的危机事件，故在预防应对重大洪涝灾害社会稳定风险时，要着力解决与人们生活关系较为密切的衣食住行困难。

在救灾过程中，要加大救灾物资的投入力度，尽可能地满足人们的必要生活需求，使他们无后顾之忧。同时，要尽快抢修受损的公共设施，使人们生活能尽快恢复正常。

第三节 基于流介数指标的重大洪涝灾害社会稳定风险评价

在对重大洪涝灾害社会稳定风险进行了分析的基础上，在上一节对重大洪涝灾害社会风险的演化机理做了详细研究。以上研究工作都为重大洪涝灾害社会风险的评价做了充分的铺垫。因此，本节就将对重大洪涝灾害社会稳定风险评价进行研究。

一　重大洪涝灾害社会稳定风险评价研究目的

在重大洪涝灾害社会稳定风险研究的过程中，我们发现，对重大洪涝灾害社会稳定风险的有效预估，恰恰是重大洪涝灾害社会稳定风险应急防御的依据及关键。在现实生活中，因为种种原因对一些洪涝灾害社会稳定风险的致灾能力及其灾害性后果估计不足，导致相关应急管理及决策部门在应急服务的过程中不能及时了解掌握洪涝灾害社会稳定风险可能导致的社会影响情况及灾害严重程度，不能形成充分、有效的应急联动，从而影响了防灾效果（Hu H. B. et al.，2014）。北京"7·21"暴雨就是一个比较惨痛的教训，尽管气象部门已经提前做了"7·21"暴雨的预报，但是对暴雨可能导致的灾害后果估计不足，使得灾前的转移处置、隐患消除，灾中的应急救援等工作做得不到位。而"7·21"暴雨出现了比较严重的人员伤亡及财产损失。北京市门头沟区政府在"7·21"暴雨中提前做好了灾前应对措施，取得了不错的减灾成果，全区无一人因灾死亡。由此可以看出，重大洪涝灾害社会风险评价研究的意义十分重大。

随着全球气候变化的不断加剧以及社会的快速发展，重大洪涝灾害发生的频次更加频繁，使得我国重大洪涝灾害社会风险灾情呈现出复杂性、多样性和放大性的特点，其灾害风险影响范围也逐渐扩大。近年来，中国不断发生严重的洪涝灾害，对社会造成了严重的影响，洪涝灾害社会稳定风险已经成为制约社会发展的重要障碍因子。如何在重大洪涝灾害社会稳定风险形成机理基础上对重大洪涝灾害社会风险进行评估分析，并提出一套重大洪涝灾害社会稳定风险应对技术框架，已经成为重大洪涝灾害社会稳定风险研究领域亟待解决的热点问题（Zhang D. D. et al.，2014）。

对于重大洪涝灾害造成的社会稳定风险进行全面的认识和评估，对于防灾减灾工作来说既是基础环节之一，也是进行可持续发展战略的迫切需求。然而，对于重大洪涝灾害社会稳定风险的不确定性、危害性和复杂性等静态特性是现阶段重大自然灾害风险研究的重点，较少有人对重大洪涝灾害社会稳定风险包含的潜在动态性特征进行研究，即风险并不是静止不动的，它会随时间与空间的变化而发生变化。重大洪涝灾害稳定社会风险演变是一个由多种影响因素构成的复杂系统过程，涉及自然、经济、人文等许多领域，各因素对于风险演变的作用方式、范围和强度也不同，由于在时空尺度上具有交叉叠合的特点，从而导致重大洪涝灾害社会稳定风险演变过程变得更加复杂和多样化。各种自然和人为因素一直影响着重大洪涝灾害社会稳定风险，因此需要随着环境和条件的变化而不定期地对重大洪涝灾害社会稳定风险进行风险评价。例如，气候变化及损失大小的改变、社会经济的高速增长、对重大洪涝灾害社会稳定风险区划图精度要求的提高等，都需要重新对重大洪涝灾害社会稳定风险进行评价和区划。由于重大洪涝灾害社会稳定风险评价是一个不断更新、不断变化的动态过程，当孕灾环境发生重大变化或者承灾体的承载能力具有明显的提高时，就需要重新评估风险。科学并及时地进行风险评价，正确认识灾害风险随时间而发生变化的特征具有重要的现实意义，并将有助于科学有效地制定重大自然灾害社会风险管理措施。

二　重大洪涝灾害社会稳定风险演化拓扑结构建模

重大洪涝灾害社会稳定风险系统结构是由洪涝灾害直接引发的经济损失、房屋倒塌、电力设施破坏、交通受阻中断、通信中断、农作物受损及其引发的一系列次生社会稳定风险构成。在对四川省雅安市 2013 年 8 月的洪涝灾害及湖南省怀化市 2014 年 7 月的重大洪涝灾害调研基础上，将调研资料整理分析之后，再综合文献的研究，确立 22 个社会稳定风险及各个风险之间的出入关系，给出了重大洪涝灾害社会稳定风险演化拓扑结构，如图 6 - 4 所示。

重大洪涝灾害社会稳定风险演化拓扑结构中共有 22 个节点和 39 条有向边。其中 22 个节点代表 22 个社会稳定风险事件，其中包括始端节点（没有入度）洪涝灾害、末端节点（没有出度）流言及群体行为及处于始端节点和末端节点之间的演化风险节点；39 条有向边表明各个节点之间的相互演化关系。

三　基于改进的流介数指标的重大洪涝灾害社会稳定风险评价

（一）流介数指标模型

介数指标的定义是基于最短路径，对于确定以最短路径进行路由的网络中的高负载节点非常重要，然而并不是每个网络均是以最短路径策略进行路由选择的。流介数指标（flow betweenness centrality）去除最短路径的概念来定义介数，因而流介数指标能够确定整体上的几何中心节点（Newman M. E. J. , 2005；Freeman L. C. et al. , 1991）。某一节点 x 的流介数指标定义为：

$$C_B(x) = \sum_{j < k} \frac{g_{jk}(x)}{g_{jk}} \tag{6-7}$$

其中，g_{jk} 表示节点 j 和节点 k 之间的路径数，$g_{jk}(x)$ 表示节点 j 和节点 k 之间经过节点 x 的路径数。

（二）流介数指标模型的改进

之前关于复杂网络流介数指标模型的应用局限在结点之间无方向（即无出入度之别）的网络模型，考虑到本章中复杂网络拓扑结构中节点有方向，将流介数指标模型进行如下改进。

考虑网络节点 x 有出入度之分，故定义：

$$C_B(x)_1 = \frac{g_{j \to k}(x)}{g_{j \to k}} \tag{6-8}$$

$$C_B(x)_2 = \frac{g_{k \to j}(x)}{g_{k \to j}} \tag{6-9}$$

其中，$g_{j \to k}$ 和 $g_{k \to j}$ 分别表示节点 j 到节点 k 之间的路径数，节点 k 到节点 j 之间的路径数；$g_{j \to k}(x)$ 和 $g_{k \to j}(x)$ 分别表示节点 j 到节点 k 之间经过节点 x 的路径数，节点 k 到节点 j 之间经过节点 x 的路径数。

对于节点 x，其在出度和入度所处的位置重要程度相同，所以我们定义节点 x 的流介数指标模型为：

$$C_B(x) = \frac{1}{2}[C_B(x)_1 + C_B(x)_2] = \frac{1}{2}\left[\frac{g_{j \to k}(x)}{g_{j \to k}} + \frac{g_{k \to j}(x)}{g_{k \to j}}\right] \tag{6-10}$$

改进的流介数指标反映了节点 x 在整个重大洪涝灾害社会稳定风险结构中的几何中心，即节点 x 在洪涝灾害社会稳定风险中的风险损失程度。$C_B(x)$ 的值越大，表明节点 x 在重大洪涝灾害社会稳定风险中造成的损害越大，对风险发展态势的影响越大。

（三）重大洪涝灾害社会稳定风险评价分析

将改进的流介数指标应用到重大洪涝灾害社会稳定风险评价分析中，经过对洪涝灾害社会稳定风险拓扑结构的分析，结合 $g_{j \to k}$ 的定义，可以得出相应数值，如表6－5所示。

表6－5　　　　　　相应节点之间的路径数 $g_{j \to k}$

	A	B	C	D	E	F	G	H	I	J	K	L	M	N	O	P	Q	R	S	T	U	V
A	—	5	1	1	2	2	1	6	3	5	3	2	2	17	2	5	6	6	15	38	1	1
B	0	—	0	0	0	0	0	1	0	1	0	0	0	2	0	0	0	0	0	1	3	0
C	0	2	—	0	0	0	0	3	1	2	1	0	0	6	0	0	0	0	3	9	0	0
D	0	1	0	—	1	1	0	1	1	1	1	1	1	5	1	2	2	2	5	12	0	1
E	0	1	0	0	—	0	0	1	1	1	1	1	1	4	1	2	2	2	4	10	0	0
F	0	0	0	0	0	—	0	0	0	0	0	0	0	0	0	0	0	1	1	0	0	0
G	0	0	0	0	0	0	—	0	0	0	0	0	0	1	2	0	1	2	3	1	0	0
H	0	0	0	0	0	0	0	—	0	0	0	0	0	1	0	0	0	0	1	0	0	0
I	0	1	0	0	0	0	0	1	—	1	1	0	0	3	0	0	0	0	2	5	0	0
J	0	0	0	0	0	0	0	0	0	—	0	0	0	0	0	0	0	0	1	2	0	0
K	0	0	0	0	0	0	0	0	0	0	—	0	0	0	0	0	0	0	1	1	0	0
L	0	0	0	0	0	0	0	0	0	0	0	—	0	1	0	1	1	1	1	3	0	0
M	0	1	0	0	0	0	1	1	1	1	0	0	—	3	0	0	0	0	2	5	0	0
N	0	0	0	0	0	0	0	0	0	0	0	0	0	—	0	0	0	0	0	1	0	0
O	0	0	0	0	0	0	0	0	0	0	0	0	0	0	—	1	1	1	1	2	0	0
P	0	0	0	0	0	0	0	0	0	0	0	0	0	0	0	—	1	1	1	2	0	0
Q	0	0	0	0	0	0	0	0	0	0	0	0	0	0	0	0	—	1	0	1	0	0
R	0	0	0	0	0	0	0	0	0	0	0	0	0	0	0	0	0	—	0	1	0	0
S	0	0	0	0	0	0	0	0	0	0	0	0	0	0	0	0	0	0	—	1	0	0
T	0	0	0	0	0	0	0	0	0	0	0	0	0	0	0	0	0	0	0	—	0	0
U	0	0	0	0	0	0	0	0	0	0	0	0	0	0	0	1	2	2	1	3	—	0
V	0	0	0	0	0	0	0	0	0	0	0	0	0	1	0	0	0	0	0	1	0	—

注："—"表示对应值不存在，即相对应的节点和节点之间没有路径数。

结合 $g_{j \to k}(x)$ 的定义，可以得出相应数值，如表6-6至表6-27所示。

表6-6   节点 j 和节点 k 之间经过节点 A 的路径数 $C_B(A)$

	B	C	D	E	F	G	H	I	J	K	L	M	N	O	P	Q	R	S	T	U	V
A	5	1	1	2	2	1	6	3	5	3	2	2	17	2	5	6	6	15	38	1	1

表6-7   节点 j 和节点 k 之间经过节点 B 的路径数 $C_B(B)$

	B	H	J	N	S	T
A	4	5	5	11	5	16
B	—	1	1	2	1	3
C	2	2	2	4	2	6
D	1	1	1	2	1	3
E	1	1	1	2	1	3
I	1	1	1	2	1	3
M	1	1	1	2	1	3

表6-8   节点 j 和节点 k 之间经过节点 A 的路径数 $C_B(C)$

	B	C	H	I	J	K	N	S	T
A	2	1	3	1	2	1	6	3	9

表6-9   节点 j 和节点 k 之间经过节点 A 的路径数 $C_B(D)$

	D	E	F	L	M	N	O	P	Q	R	S	T	V
A	1	1	1	1	1	2	1	2	2	2	3	7	1

表6-10   节点 j 和节点 k 之间经过节点 A 的路径数 $C_B(E)$

	B	E	H	I	J	K	L	M	N	O	P	Q	R	S	T
A	2	2	2	2	2	2	2	2	8	2	4	4	4	8	20
D	1	1	1	1	1	1	1	1	4	1	2	2	2	4	10

表6-11　节点 j 和节点 k 之间经过节点 A 的路径数 C_B（F）

	F	S	T
A	2	2	2
D	1	1	1

表6-12　节点 j 和节点 k 之间经过节点 A 的路径数 C_B（G）

	G	P	Q	R	S	T	U
A	1	1	2	2	1	3	1

表6-13　节点 j 和节点 k 之间经过节点 A 的路径数 C_B（H）

	H	N	T
A	6	6	6
B	1	1	1
C	3	3	3
D	1	1	1
E	1	1	1
I	1	1	1
M	1	1	1

表6-14　节点 j 和节点 k 之间经过节点 A 的路径数 C_B（I）

	B	H	I	J	K	N	S	T
A	3	3	3	3	3	9	6	15
C	1	1	1	1	1	3	2	5
D	1	1	1	1	1	3	2	5
E	1	1	1	1	1	3	2	5
M	1	1	1	1	1	3	2	5

表 6 - 15　节点 j 和节点 k 之间经过节点 A 的路径数 C_B（J）

	J	N	S	T
A	5	5	5	10
B	1	1	1	2
C	2	2	2	4
D	1	1	1	2
E	1	1	1	2
I	1	1	1	2
M	1	1	1	2

表 6 - 16　节点 j 和节点 k 之间经过节点 A 的路径数 C_B（K）

	K	S	T
A	3	3	3
C	1	1	1
D	1	1	1
E	1	1	1
I	1	1	1
M	1	1	1

表 6 - 17　节点 j 和节点 k 之间经过节点 A 的路径数 C_B（L）

	L	N	P	Q	R	S	T
A	2	2	2	2	2	2	6
D	1	1	1	1	1	1	3
E	1	1	1	1	1	1	3

表 6 - 18　节点 j 和节点 k 之间经过节点 A 的路径数 C_B（M）

	B	H	I	J	K	M	N	S	T
A	2	2	2	2	2	2	6	4	10
D	1	1	1	1	1	1	3	2	5
E	1	1	1	1	1	1	3	2	5

表 6 – 19 节点 j 和节点 k 之间经过节点 A 的路径数 C_B（N）

	N	T
A	17	17
B	2	2
C	6	6
D	5	5
E	4	4
H	1	1
I	3	3
J	1	1
L	1	1
M	3	3
V	1	1

表 6 – 20 节点 j 和节点 k 之间经过节点 A 的路径数 C_B（O）

	O	P	Q	R	S	T
A	2	2	2	2	2	4
D	1	1	1	1	1	2
E	1	1	1	1	1	2

表 6 – 21 节点 j 和节点 k 之间经过节点 A 的路径数 C_B（P）

	P	Q	R	S	T
A	5	5	5	5	10
D	2	2	2	2	4
E	2	2	2	2	4
G	1	1	1	1	2
L	1	1	1	1	2
O	1	1	1	1	2
U	1	1	1	1	2

表 6-22 节点 j 和节点 k 之间经过节点 A 的路径数 $C_B (Q)$

	Q	R	T
A	6	6	6
D	2	2	2
E	2	2	2
G	2	2	2
L	1	1	1
O	1	1	1
P	1	1	1
U	2	2	2

表 6-23 节点 j 和节点 k 之间经过节点 A 的路径数 $C_B (R)$

	R	T
A	6	6
D	2	2
E	2	2
G	2	2
L	1	1
O	1	1
P	1	1
Q	1	1
U	1	1

表 6-24 节点 j 和节点 k 之间经过节点 A 的路径数 $C_B (S)$

	S	T
A	15	15
B	1	1
C	3	3
D	5	5
E	4	4
F	1	1
G	1	1
I	2	2
J	1	1

续表

	S	T
K	1	1
L	1	1
M	2	2
O	1	1
P	1	1
U	1	1

表6-25　节点 j 和节点 k 之间经过节点 A 的路径数 C_B (T)

	T
A	38
B	3
C	9
D	12
E	10
F	1
G	3
H	1
I	5
J	2
K	1
L	3
M	5
N	1
O	2
P	2
Q	1
R	1
S	1
U	3
V	1

表 6 – 26　　节点 j 和节点 k 之间经过节点 A 的路径数 C_B（U）

	P	Q	R	T	U
A	1	2	2	2	1
G	1	2	2	2	1

表 6 – 27　　节点 j 和节点 k 之间经过节点 A 的路径数 C_B（V）

	N	T	V
A	1	1	1
D	1	1	1

利用（6 – 10）式计算相关流介数指标数值，结果如表 6 – 28 所示。

表 6 – 28　　　　　各个节点的流介数指标数值

	对应社会稳定风险	$C_B(x)$
A	洪涝灾害	10. 5000
B	经济损失	15. 3341
C	房屋倒塌	1. 8782
D	电力设施破坏	3. 0343
E	交通受阻中断	12. 2818
F	通信中断	1. 2346
G	农作物受损	1. 5061
H	灾民居无住所	5. 4388
I	人员伤亡	15. 6232
J	犯罪率上升	7. 6175
K	传染病流行	4. 3784
L	人员滞留	4. 4628
M	交通事故	9. 7580
N	人员心理影响	8. 8154
O	物资运输困难	4. 0610

续表

	对应社会稳定风险	$C_B(x)$
P	物资缺乏	13.9482
Q	物价上涨	9.5956
R	哄抢购物	6.4289
S	社会大众恐慌	11.0890
T	流言及群体行为	10.5000
U	市场供应紧张	3.2930
V	生产生活困难	1.1842

从表 6-28 可知，在整个重大洪涝灾害社会稳定风险结构中，人员伤亡、经济损失、物资缺乏、交通受阻中断、社会大众恐慌、流言及群体行为、洪涝灾害在整个洪涝灾害社会稳定风险结构中所处位置是最为重要的；交通事故、物价上涨、人员心理影响、犯罪率上升、哄抢购物、灾民居无住所在整个重大洪涝灾害社会稳定风险结构中所处位置次之，人员滞留、传染病流行、物资运输困难、市场供应紧张、电力设施破坏、房屋倒塌、农作物受损、通信中断、生产生活困难在整个重大洪涝灾害社会稳定风险结构中所处位置居最后。

在重大洪涝灾害社会稳定风险评价的过程中，针对某一风险评价时，不应局限于其所引起的直接损害，应着眼于该风险在整个重大洪涝灾害社会稳定风险结构中所处位置，即应该考虑其所能引起的后续损害。

第四节　本章小结

本章围绕农村重大洪涝灾害社会稳定风险演化这条主线，主要研究以下内容。

重大洪涝灾害社会稳定风险识别与分类研究。重大洪涝灾害本身的特殊性和高破坏性决定了其对社会的影响具有高度的复杂性、潜在性和动态阶段性，因此要解决有效应对社会稳定风险使得社会利益损失最小化，首先就要能够识别和找出重大洪涝灾害社会稳定风险源，并进行科学的分类，然后才能研究应对决策问题。但由于重大洪涝灾害社会稳定风险复杂性、不确定性、潜在性和阶段动态性，这种社会稳定风险源的识别和分类变得非常复杂和困难，因此调查、探索和研究重大洪涝灾害社会稳定风险识别、演化机理和应对策略具有重要应用价值。

重大洪涝灾害社会稳定风险多阶段动态演化机理研究。重大洪涝灾害的不同阶段将会产生不同的社会风险，因此要解决重大洪涝灾害社会稳定风险应对问题，首先就要找出和刻画重大洪涝灾害社会风险阶段动态演化的影响规律和演化机理，然后才能研究社会稳定风险的应对问题。但由于社会风险这种演化的高度不确定性和复杂性，社会风险这种演化影响规律和机理将变得复杂和难以掌握，因此研究和刻画重大洪涝灾害社会风险动态演化规律和探索演化机理，在此基础上提出了应对策略，对有效防范社会稳定风险具有重要作用。

重大洪涝灾害社会稳定风险评估研究。提出了一种基于改进的流介数指标的重大洪涝灾害社会稳定风险评价方法，定量化社会稳定风险的高低和风险危害；通过重大洪涝灾害社会稳定风险评价来解决重大洪涝灾害社会稳定风险应对问题。

第七章 社会脆弱性风险评价应用与应对策略

当前技术条件下，人们很难准确预报重大自然灾害的发生，为了减少重大自然灾害造成的损失，对重大自然灾害社会脆弱性评估的研究就显得尤为重要。因此，本章以四川省重大地震灾害为例，重点研究社会脆弱性风险评价及应对策略，包括社会脆弱性风险演化机理、社会脆弱性评价方法及其应用、社会脆弱性风险应对策略等。

第一节 社会脆弱性风险演化机理

本书第四章至第六章分别介绍了重大自然灾害社会心理风险、社会舆情风险、社会稳定风险的演化机理及应对策略，这些社会风险都是出现在灾害发生以后。而自然灾害发生之前的区域社会脆弱性风险是固定存在的，不会随政府采取的救灾措施而发生改变，因为社会脆弱性风险与区域经济、地形、建筑、基础设施、区域人口情况等因素有关。具体的社会脆弱性风险演化机理如图7-1所示。

从图7-1可知，当社会脆弱性风险越高，说明该区域受各种因素的影响，其承受灾害损失的能力较弱，灾害发生后，这个区域的人们更容易出现心理健康问题，给社会造成巨大的舆论压力，谣言出现的可能性也更大，也会更容易爆发群体性事件，诸如灾后哄抢物资、灾民之间利益斗争等不良失序状况。反之，社会脆弱性风险越低，该区域发生社会各类风险的可能性就更低。所以，只有对灾

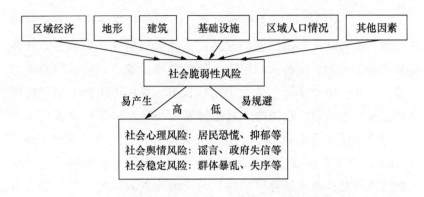

图 7 - 1　社会脆弱性风险演化机理

害发生的不同划分区域进行科学合理的社会脆弱性评估，才能在灾后第一时间将最多最好的资源投入到脆弱性最低的区域，以防止出现更多和更大的社会风险问题。

第二节　基于突变级数法的社会脆弱性评价方法

　　社会脆弱性的概念具有复杂性，不同学者对此有不同的定义，Koks 等（2014）认为社会脆弱性是社会应对灾害事件的能力；Chen等（2013）将社会脆弱性解释为它是一个在预先存在的条件下，影响人们做好灾前准备和从灾后重建中恢复的能力。

　　社会脆弱性评估方法尚未统一。Cutter（1996）创建社会脆弱性指标，研究灾后社会所承担的责任。E. E. Koks 等（2015）结合灾害性、暴露性及社会脆弱性，将荷兰鹿特丹地区洪涝灾害社会脆弱性进行分区，其评估方法通过分析总人口、单亲家庭、非欧洲移民、14 岁以下人口、65 岁以上人口、平均月收入以及平均建筑年限 7 个评价指标，赋予指标相同的权重计算每个地区的社会脆弱性综合指数。Zebardast E.（2013）结合因子分析法和网络层次分析法对伊朗地区地震灾害社会脆弱性进行评估，最后通过空间聚类将社会脆弱性分区，为地震灾害风险管理提供了理论依据；Zeng 等

（2012）以广州市萝冈区为研究对象，由于受到部分数据不易获得的限制，提出基于遥感技术的自然灾害社会脆弱性评估模型，并通过分析基于土地使用的人口密度、年龄结构、家户到医院的距离三个指标，并利用专家评估法确定指标权重，最后得出每个地区的综合社会脆弱性指数。在国内，刘德林等（2014）以河南省各地市为基本评价单元，运用 PCA 建立自然灾害社会脆弱性评估模型，并通过 AHP 法确定指标权重，最后借助 ArcGIS 软件对评估结果进行了区划制图研究；张永领等（2014）从上海市的人口统计和社会经济方面入手，选取 45 个自然灾害社会脆弱性指标，然后运用主成分分析法选取 16 个重要指标建立社会脆弱性评估体系，最后采用 TOP-SIS 方法进行评估，为上海市防灾减灾提供了科学依据。

基于上述研究，本章以四川省各地区为研究对象，构建了四川省地震灾害社会脆弱性评价指标体系，在此基础上采用粗糙集属性约简法对评价指标进行约简，最后利用突变级数法对地震灾害社会脆弱性进行评价，并提出社会脆弱性风险应对策略。

一 问题描述

四川省地貌复杂，以山地为主，处于喜马拉雅—地中海地震带上，地震发生频繁，而且波及范围广。根据中国地震灾害大事记，仅 2008 年我国发生 5 级以上地震 99 次，其中发生在四川省省内的达到 41 次，地震波及地区有汶川、什邡、绵竹、青川、郫县、彭州、北川、都江堰、攀枝花等地。因此，选择以四川省为研究区域，对各个区域的地震灾害社会脆弱性进行研究，为防灾减灾提供科学的参考依据。

本章以四川省成都、自贡、绵阳、攀枝花等 21 个地区为研究对象，参考 Cutter（2008）和 Martins（2012）等提出的社会脆弱性评估指标体系，并结合四川省的自身特征与实际情况，选取人口统计、社会经济、建筑和基础设施 4 个一级指标，人口密度、年龄结构、家庭结构等 13 个二级指标，以及 14 岁以下人口比重、14—65岁人口比重等 16 个三级指标，并建立四川省地震灾害社会脆弱性评估指标体系，如表 7-1 所示。

表 7 - 1　　　　　　　　地震灾害社会脆弱性指标体系

一级指标	二级指标	三级指标
人口统计（A）	人口密度（A_1）	
	年龄结构（A_2）	14 岁以下人口比重（A_{21}）
		14—65 岁人口比重（A_{22}）
		65 岁以上人口比重（A_{23}）
	家庭结构（A_3）	家庭成员 1 人或 2 人比例（A_{31}）
		家庭成员 3 人或 4 人比例（A_{32}）
		家庭成员 5 人以上比例（A_{33}）
	性别比例（A_4）	常住人口女性比例（A_{41}）
		常住人口男性比例（A_{42}）
社会经济（B）	贫困线下人口比重（B_1）	
	失业（B_2）	失业人口比例（B_{21}）
		失业人口男性比例（B_{22}）
		女性参加工作的比例（B_{23}）
	教育和住房（B_3）	人均住房面积（B_{31}）
		小学学历人口比例（B_{32}）
		初中学历人口比例（B_{33}）
		高中学历人口比例（B_{34}）
		大学学历人口比例（B_{35}）
建筑（C）	平均建筑年限（C_1）	
	建筑密度（C_2）	
	平均建筑层数（C_3）	
基础设施（D）	卫生机构数（D_1）	
	每万人病床数（D_2）	
	每万人专业医生数（D_3）	

其中，14 岁以下人口比重、65 岁以上人口比重、家庭成员 1 人或 2 人比例、家庭成员 3 人或 4 人比例、家庭成员 5 人以上比例、常住人口女性比例、贫困线下人口比重、失业人口比例、失业人口男性比例、初中学历人口比例、小学学历人口比例、平均建筑年限、建筑密度、平均建筑层数，这些指标为正向指标；14—65 岁人

口比重、常住人口男性比例、大学学历人口比例、高中学历人口比例、女性参加工作的比例、人均住房面积、卫生机构数、每万人病床数、每万人专业医生数，这些指标为负向指标。正向指标表示：指标数值越大，社会脆弱性越大；负向指标表示：指标数值越大，社会脆弱性越小。

由于地震灾害社会脆弱性评价指标的量纲和单位不同，而且各指标对社会脆弱性的贡献有正有负，因此为了得到相对统一的量纲，对各指标进行标准化处理。本章采用极差标准化方法对各指标进行标准化处理。

正向相关指标：$T_i = (X_i - X_{imin})/(X_{imax} - X_{imin})$ (7-1)

负向相关指标：$T_i = (X_{imax} - X_i)/(X_{imax} - X_{imin})$ (7-2)

式中，X_i 是指标的原始值；X_{imax} 和 X_{imin} 是指标的原始值的最大值和最小值；T_i 是指标的标准值，其数据值的范围为 [0, 1]。数据来源于四川省第六次全国人口普查、2012 年的四川省统计年鉴，如表 7-2 所示。

表 7-2　　　　　四川地震灾害社会脆弱性指标原始数据

编号	地区	A_1	A_{21}	A_{22}	A_{23}	A_{31}	A_{32}	A_{33}	A_{41}	A_{42}	B_1	B_{21}	B_{22}
1	成都	979.1	0.109	0.794	0.097	0.043	0.566	0.391	0.508	0.492	0.053	0.031	0.020
2	自贡	752.6	0.167	0.706	0.127	0.076	0.572	0.352	0.570	0.430	0.068	0.042	0.028
3	绵阳	270.3	0.138	0.746	0.117	0.052	0.545	0.403	0.507	0.493	0.054	0.038	0.026
4	攀枝花	151.3	0.168	0.741	0.091	0.042	0.512	0.446	0.518	0.482	0.045	0.034	0.019
5	泸州	415.5	0.212	0.734	0.055	0.047	0.497	0.456	0.506	0.494	0.061	0.031	0.018
6	德阳	663.4	0.130	0.753	0.117	0.037	0.527	0.436	0.505	0.495	0.069	0.036	0.022
7	广元	190.2	0.166	0.715	0.118	0.031	0.531	0.438	0.504	0.496	0.073	0.039	0.027
8	遂宁	712.5	0.151	0.735	0.114	0.041	0.546	0.432	0.507	0.493	0.072	0.042	0.028
9	内江	792.7	0.166	0.715	0.118	0.041	0.498	0.463	0.504	0.496	0.064	0.040	0.025
10	乐山	279.8	0.140	0.738	0.122	0.019	0.522	0.459	0.507	0.493	0.065	0.041	0.028
11	南充	608.3	0.168	0.712	0.120	0.027	0.516	0.467	0.504	0.496	0.072	0.042	0.028
12	广安	741.8	0.216	0.658	0.126	0.033	0.518	0.489	0.507	0.493	0.050	0.036	0.024

续表

编号	地区	A_1	A_{21}	A_{22}	A_{23}	A_{31}	A_{32}	A_{33}	A_{41}	A_{42}	B_1	B_{21}	B_{22}
13	达州	414.5	0.204	0.687	0.109	0.034	0.524	0.442	0.500	0.500	0.068	0.040	0.025
14	眉山	493.3	0.141	0.726	0.133	0.046	0.527	0.427	0.511	0.489	0.073	0.041	0.028
15	雅安	104.3	0.162	0.729	0.109	0.039	0.532	0.429	0.499	0.501	0.066	0.038	0.029
16	巴中	317.4	0.213	0.683	0.105	0.046	0.528	0.426	0.509	0.491	0.064	0.043	0.029
17	资阳	637.3	0.183	0.681	0.136	0.045	0.534	0.421	0.504	0.496	0.071	0.039	0.027
18	宜宾	414.8	0.207	0.687	0.106	0.034	0.528	0.438	0.514	0.486	0.067	0.038	0.025
19	阿坝州	11.6	0.199	0.729	0.038	0.553	0.409	0.420	0.520	0.480	0.089	0.036	0.022
20	甘孜州	7.9	0.232	0.703	0.042	0.532	0.426	0.540	0.516	0.484	0.093	0.041	0.029
21	凉山州	75.4	0.273	0.656	0.071	0.037	0.526	0.437	0.517	0.483	0.081	0.041	0.026

编号	地区	B_{23}	B_{31}	B_{32}	B_{33}	B_{34}	B_{35}	C_1	C_2	C_3	D_1	D_2	D_3
1	成都	0.016	36.6	0.263	0.374	0.182	0.181	23.4	0.192	6.6	7976	70	84
2	自贡	0.014	35.2	0.408	0.413	0.120	0.058	22.3	0.159	5.3	2360	47	36
3	绵阳	0.011	32.1	0.378	0.408	0.138	0.076	22.7	0.147	4.2	3223	39	42
4	攀枝花	0.017	29.3	0.353	0.376	0.164	0.107	24.4	0.153	6.5	1020	57	76
5	泸州	0.014	35.2	0.497	0.352	0.107	0.044	26.3	0.144	3.8	4733	35	50
6	德阳	0.014	32.6	0.375	0.423	0.133	0.069	24.1	0.152	5.2	2774	53	72
7	广元	0.012	29.1	0.415	0.381	0.146	0.058	25.2	0.165	4.4	1036	12	27
8	遂宁	0.014	29.6	0.376	0.472	0.108	0.044	26.1	0.177	3.2	2932	62	84
9	内江	0.015	31.5	0.370	0.473	0.115	0.042	23.8	0.152	3.8	2576	41	48
10	乐山	0.012	30.9	0.391	0.399	0.135	0.075	24.6	0.168	3.7	1175	3	34
11	南充	0.015	34.8	0.395	0.426	0.129	0.050	25.2	0.173	4.4	8856	35	32
12	广安	0.012	33.5	0.467	0.393	0.107	0.033	23.8	0.188	4.2	2814	53	45
13	达州	0.015	30.4	0.413	0.445	0.104	0.038	22.4	0.139	4.7	4406	40	30
14	眉山	0.014	31.7	0.384	0.448	0.121	0.047	22.7	0.144	3.7	3572	43	52
15	雅安	0.012	32.5	0.377	0.430	0.116	0.077	21.6	0.173	3.1	1381	613	55
16	巴中	0.014	33.9	0.398	0.428	0.137	0.037	25.5	0.142	3.4	3305	39	40
17	资阳	0.012	34.4	0.436	0.433	0.093	0.038	25.6	0.155	3.6	3574	43	52
18	宜宾	0.013	32.1	0.485	0.362	0.106	0.047	26.2	0.135	3.2	4219	51	37
19	阿坝州	0.013	29.4	0.511	0.291	0.105	0.093	22.1	0.163	3.4	1624	42	51
20	甘孜州	0.013	30.5	0.599	0.218	0.093	0.090	23.4	0.143	3.5	2776	41	50
21	凉山州	0.012	32.3	0.624	0.252	0.075	0.049	22.8	0.153	3.1	1029	33	31

经标准化处理后的数据如表 7-3 所示。

表 7-3   标准化处理后的地震灾害社会脆弱性指标数据

编号	地区	A_1	A_{21}	A_{22}	A_{23}	A_{31}	A_{32}	A_{33}	A_{41}	A_{42}	B_1	B_{21}	B_{22}
1	成都	1.00	0.00	0.00	0.52	0.42	0.92	0.28	0.08	0.55	0.17	0.00	0.22
2	自贡	0.37	0.35	0.63	0.88	1.00	1.00	0.00	0.86	0.94	0.48	0.91	0.87
3	绵阳	0.65	0.17	0.35	0.76	0.58	0.64	0.37	0.24	0.64	0.19	0.56	0.73
4	攀枝花	0.62	0.36	0.38	0.45	0.40	0.20	0.69	0.00	0.09	0.00	0.25	0.10
5	泸州	0.57	0.62	0.43	0.00	0.49	0.00	0.76	0.67	0.62	0.33	0.07	0.00
6	德阳	0.71	0.13	0.29	0.76	0.32	0.40	0.61	0.15	0.69	0.50	0.44	0.39
7	广元	0.48	0.35	0.52	0.70	0.21	0.45	0.63	0.22	0.76	0.58	0.68	0.77
8	遂宁	0.58	0.25	0.42	0.73	0.40	0.65	0.58	0.48	0.71	0.56	0.92	0.90
9	内江	0.43	0.35	0.57	0.78	0.39	0.01	0.81	0.16	0.60	0.40	0.75	0.60
10	乐山	0.60	0.18	0.40	0.83	0.00	0.33	0.78	0.22	0.75	0.42	0.80	0.90
11	南充	0.41	0.17	0.59	0.80	0.14	0.25	0.84	0.42	0.58	0.56	0.95	0.86
12	广安	0.02	0.65	0.98	0.87	0.25	0.28	1.00	0.56	0.94	0.11	0.46	0.57
13	达州	0.23	0.57	0.77	0.67	0.26	0.36	0.66	0.37	0.41	0.48	0.76	0.63
14	眉山	0.51	0.19	0.49	0.96	0.47	0.40	0.55	0.77	1.00	0.58	0.84	0.84
15	雅安	0.53	0.32	0.47	0.66	0.35	0.47	0.56	0.68	0.54	0.44	0.63	0.94
16	巴中	0.20	0.63	0.80	0.61	0.47	0.41	0.54	0.60	0.54	0.40	1.00	1.00
17	资阳	0.18	0.45	0.82	1.00	0.46	0.49	0.50	0.30	0.75	0.54	0.69	0.77
18	宜宾	0.23	0.60	0.77	0.62	0.26	0.41	0.63	0.56	0.27	0.46	0.60	0.65
19	阿坝州	0.53	0.54	0.47	0.22	0.33	0.75	0.42	0.95	0.00	0.92	0.41	0.40
20	甘孜州	0.34	0.75	0.66	0.12	0.40	0.47	0.47	0.54	1.00	0.18	1.00	0.87	0.94
21	凉山州	0.00	1.00	1.00	0.20	0.32	0.39	0.62	0.84	0.13	0.75	0.86	0.67

编号	地区	B_{23}	B_{31}	B_{32}	B_{33}	B_{34}	B_{35}	C_1	C_2	C_3	D_1	D_2	D_3
1	成都	0.17	0.00	0.00	0.61	0.00	0.00	0.38	1.00	1.00	0.11	0.89	0.00
2	自贡	0.47	0.19	0.40	0.76	0.58	0.83	0.15	0.42	0.63	0.83	0.93	0.84
3	绵阳	1.00	0.60	0.32	0.75	0.41	0.71	0.23	0.21	0.31	0.72	0.94	0.74
4	攀枝花	0.00	0.97	0.25	0.62	0.17	0.50	0.60	0.32	0.97	1.00	0.91	0.14
5	泸州	0.57	0.19	0.65	0.53	0.70	0.93	1.00	0.16	0.20	0.53	0.95	0.60
6	德阳	0.55	0.53	0.31	0.80	0.46	0.76	0.53	0.30	0.60	0.78	0.92	0.21

编号	地区	B_{23}	B_{31}	B_{32}	B_{33}	B_{34}	B_{35}	C_1	C_2	C_3	D_1	D_2	D_3
7	广元	0.79	1.00	0.42	0.64	0.98	0.83	0.77	0.53	0.37	1.00	0.99	1.00
8	遂宁	0.53	0.93	0.31	1.00	0.69	0.93	0.96	0.74	0.03	0.76	0.90	0.00
9	内江	0.26	0.68	0.30	1.00	0.63	0.94	0.47	0.30	0.20	0.80	0.94	0.63
10	乐山	0.79	0.76	0.35	0.71	0.44	0.72	0.64	0.58	0.17	0.98	1.00	0.88
11	南充	0.36	0.24	0.37	0.82	0.50	0.89	0.77	0.67	0.37	0.00	0.95	0.91
12	广安	0.91	0.41	0.57	0.69	0.70	1.00	0.47	0.93	0.31	0.77	0.92	0.68
13	达州	0.32	0.83	0.42	0.89	0.73	0.97	0.17	0.07	0.46	0.57	0.94	0.95
14	眉山	0.58	0.65	0.34	0.90	0.57	0.91	0.23	0.16	0.17	0.67	0.93	0.74
15	雅安	0.94	0.55	0.32	0.83	0.62	0.70	0.00	0.67	0.00	0.95	0.00	0.51
16	巴中	0.55	0.36	0.37	0.82	0.42	0.97	0.83	0.12	0.09	0.71	0.94	0.77
17	资阳	0.79	0.29	0.48	0.84	0.83	0.97	0.85	0.35	0.14	0.67	0.93	0.56
18	宜宾	0.74	0.60	0.61	0.66	0.71	0.90	1.00	0.98	0.00	0.03	0.59	0.82
19	阿坝州	0.64	0.96	0.69	0.29	0.72	0.59	0.11	0.49	0.09	0.92	0.94	0.58
20	甘孜州	0.72	0.81	0.93	0.00	0.83	0.61	0.38	0.14	0.11	0.78	0.94	0.60
21	凉山州	0.87	0.57	1.00	0.13	1.00	0.89	0.26	0.32	0.00	1.00	0.95	0.93

二　基于粗糙集属性约简方法的社会脆弱性评价指标体系约简

地震灾害社会脆弱性评价指标体系可能存在两方面的问题，第一，指标信息之间可能存在重叠，容易造成评价误差；第二，指标权重赋权主观性强。因此本章首先采用粗糙集属性约简方法，对指标数量和信息进行约简浓缩，使上述评价指标体系符合突变级数评价方法的要求，然后利用突变级数法进行综合评价。

地震灾害社会脆弱性评价指标体系的各层指标的数量可能超过4个，为满足突变级数评价法的要求，对多于4个指标进行指标数量约简，因此采用粗糙集属性约简算法。属性约简是指在知识库分类能力保持不变的情况下，删除其中不相关或不重要的知识，并不影响原来的知识系统分类，使原有的系统得到简化。

一个知识表达系统是由一个四元有序组 $S = (U, A, V, f)$ 构成，其中：$U = \{x_1, x_2, x_3, \cdots, x_n\}$ 表示对象的有限非空集合；$A = C \cup D$ 是属性集合，其中，C 是条件属性的非空有限集合，D 是决策属性的非空有限集合；V 是属性值的集合；f：$U \cup A \to V$ 是一个信息函数，表示 U 中每一个对象 x 的属性值。本书利用 A. Skowron 区分矩阵求属性约简，区分矩阵如（7-3）式表示：

$$(C_{ij}) = \begin{cases} \{\alpha \in A \mid \alpha(x_i) \neq \alpha(x_j)\}, & D(x_i) \neq D(x_j) \\ 0, & D(x_i) = D(x_j) \\ -1 & \alpha x_i = \alpha x_j, \ D(x_i) \neq D(x_j) \end{cases} \qquad (7-3)$$

其中，$i, j = 1, 2, 3, \cdots, n$，$\alpha x_i$ 表示对象 x_i 在属性 α 上的取值。

利用区分矩阵可以很容易地得出属性核：$core\ A = \{\alpha \in A \mid \alpha \varepsilon \{C_{ij}\}$ 且 $\mid C_{ij} \mid = 1\}$，其中 $\mid C_{ij} \mid$ 表示区分矩阵中第 i 行第 j 列的元素中包含属性的个数。在区分矩阵的基础上引入一个布尔函数，即区分函数 DF。对于每一个属性 $\alpha \varepsilon A$，对应一个布尔函数 $\alpha x, y$。若 $\alpha x, y = \{x_1, x_2, x_3, \cdots, x_n\} \neq \phi$，则指定布尔表达式为：$\alpha_1 \lor \alpha_2 \lor \alpha_3 \lor \cdots \lor \alpha_n$，用 $\sum \alpha(x, y)$ 表示；若 $\alpha x, y = \phi$，则指定布尔常量为 1，则 $DF = \prod\limits_{(x,y) \in U \times U} \sum \alpha(x, y)$。其中函数 DF 的极小析取范式中所有的合取式是属性集的所有约简。

在应用突变级数法时，评价指标的个数必须在 4 个以内，若评价指标的个数多于 4 个，则采用粗糙集属性约简法对指标进行约简处理。从表 7-1 的重大地震灾害社会脆弱性评价指标体系可以看出，只有二级指标中教育和住房（B_3）所对应的 5 个三级指标中人均住房面积（B_{31}）、小学学历人口比例（B_{32}）、初中学历人口比例（B_{33}）、高中学历人口比例（B_{34}）和大学学历人口比例（B_{35}）不满足突变级数评价方法，因此需要对这 5 个评价指标进行约简，数据来源于表 7-3。对指标数据进行离散化处理，取各地区的平均值为参考依据，其中指标优于全省平均水平时取 1，否则取 0，处理后的决策表如表 7-4 所示。

表7-4 决策规则

指标 城市	B_{31}	B_{32}	B_{33}	B_{34}	B_{35}	D
1. 3. 6. 10	1	1	0	1	0	0
2. 4. 12	0	0	1	0	1	1
5. 8. 17	0	0	0	0	0	0
7. 13. 16	0	1	1	0	1	1
9. 11. 14	0	0	0	1	0	0
15. 18. 20	0	0	0	1	0	1
19. 21	0	1	0	1	1	0

注：其中序号1，2，…，21 即为上述表中各地区编号。

根据决策表 7-4，利用 A. Skowron 区分矩阵公式，得到如下区分矩阵：

$$
\begin{bmatrix}
 & n_1 & n_2 & n_3 & n_4 & n_5 & n_6 & n_7 \\
n_1 & \cdots & B_{31}B_{32}B_{33}B_{34}B_{35} & \cdots & B_{31}B_{33}B_{34}B_{35} & \cdots & B_{31} & \cdots \\
n_2 & & & B_{33}B_{34}B_{35} & & B_{33}B_{34}B_{35} & & B_{32}B_{33}B_{34} \\
n_3 & & & & B_{32}B_{33}B_{35} & & B_{32}B_{34}B_{35} & \\
n_4 & & & & & B_{32}B_{33}B_{34}B_{35} & & B_{35} \\
n_5 & & & & & & B_{32} & \\
n_6 & & & & & & & B_{35} \\
n_7 & \cdots & \cdots & \cdots & \cdots & \cdots & \cdots & \cdots
\end{bmatrix}
$$

从上面的区分矩阵可以看出，$|C_{16}| = 1$、$|C_{47}| = 1$、$|C_{56}| = 1$、$|C_{67}| = 1$，则得到该决策表的条件属性核为 $\{B_{31}, B_{32}, B_{35}\}$，利用区分函数 $DF = \prod_{(x,y) \in U \times U} \sum \alpha x, y$，可以得到约简为 $\{B_{31}, B_{32}, B_{33}, B_{35}\}$，即是高中学历人口比例（$B_{34}$）指标为评价体系中冗余指标应删除。最后，得到约简后的地震灾害社会脆弱性评价指标体系，如表7-5 所示。

表 7-5 约简后的地震灾害社会脆弱性指标体系

一级指标	二级指标	三级指标
人口统计（A）	人口密度（A_1）	
	年龄结构（A_2）	14 岁以下人口比重（A_{21}）
		14—65 岁人口比重（A_{22}）
		65 岁以上人口比重（A_{23}）
	家庭结构（A_3）	家庭成员 1 人或 2 人比例（A_{31}）
		家庭成员 3 人或 4 人比例（A_{32}）
		家庭成员 5 人以上比例（A_{33}）
	性别比例（A_4）	常住人口女性比例（A_{41}）
		常住人口男性比例（A_{42}）
社会经济（B）	贫困线下人口比重（B_1）	
	失业（B_2）	失业人口比例（B_{21}）
		失业人口男性比例（B_{22}）
		女性参加工作的比例（B_{23}）
	教育和住房（B_3）	人均住房面积（B_{31}）
		小学学历人口比例（B_{32}）
		初中学历人口比例（B_{33}）
		大学学历人口比例（B_{34}）
建筑（C）	平均建筑年限（C_1）	
	建筑密度（C_2）	
	平均建筑层数（C_3）	
基础设施（D）	卫生机构数（D_1）	
	每万人病床数（D_2）	
	每万人专业医生数（D_3）	

三 基于突变级数法的地震灾害社会脆弱性评价

突变级数法是根据突变理论中突变模型衍生出来的，该方法是一种对评价目标进行多层次分解，然后利用突变理论中分歧点集方程与模糊数学相结合推导出突变模糊隶属函数，再由归一公式进行综合量化计算，归一公式将系统内部各控制变量不同的质态归化为可比较的同一种质态，最后归一为一个参数，即求出总的隶属函数，从而对评价目标进行排序分析的一种综合评价方法（陈晓红，2013）。突变级数法的特点是没有对指标采用权重，但它考虑了各评价指标的相对重要性，从而减少了主观性又不失科学性和合理性。利用粗糙集属性约简法对上述评价指标体系进行了约简浓缩，此时的评价指标体系已符合突变级数法的要求。

突变级数模型中，概括起来只有 7 种性质的基本类型，分别为折叠突变、尖点突变、燕尾突变、蝴蝶突变、双曲脐点突变、椭圆突变以及抛物脐点突变。其中最常见的形式有：尖点突变、燕尾突变和蝴蝶突变，如表 7 - 6 所示。

表 7 - 6　　　　　　　　　　　初等突变模型的势函数

突变类型	势函数 $f(x)$
尖点突变	$1/4x^4 + 1/2ax^2 + bx$
燕尾突变	$1/5x^5 + 1/3ax^3 + 1/2bx^2 + cx$
蝴蝶突变	$1/6x^6 + 1/4ax^4 + 1/3bx^3 + 1/2cx^2 + dx$

其中，x 为系统的状态变量，它表示系统的行为状态，这三种突变模型皆只有一个状态变量，而 a、b、c、d 表示该状态变量的控制变量，其重要性由突变模型的内在机制决定，重要性排序为从左向右。势函数中状态变量和控制变量是矛盾的两个方面，系统所处的任一状态既是状态变量与控制变量的统一，也是各控制变量之间相互作用的统一。

对于突变模型的势函数 $f(x)$，根据突变理论，它的所有临界点集合构成平衡曲面，其方程通过对 $f(x)$ 求一阶导数而得，即 $f'(x) = 0$。它的奇点集通过对 $f(x)$ 求二阶导数而得，即 $f''(x) = 0$，然后再消去 x，则可以得到突变系统的分歧点集方程，它表明各控制变量满足此方程时，系统会发生突变。通过将上述分歧点集方程分解，进而导出归一公式，将系统内部各控制变量的不同质态归化为可比较的同一种质态，运用归一公式，可求出表征系统状态特征的系统总突变隶属函数值。常见的三种突变模型的归一公式如表 7 - 7 所示。

表 7 - 7　　　　　　　　常见的三种突变模型的归一公式

突变类型	归一公式
尖点突变	$x_a = a^{1/2},\ x_b = b^{1/3}$
燕尾突变	$x_a = a^{1/2},\ x_b = b^{1/3},\ x_c = c^{1/4}$
蝴蝶突变	$x_a = a^{1/2},\ x_b = b^{1/3},\ x_c = c^{1/4},\ x_d = d^{1/5}$

基于突变级数法的社会脆弱性评价步骤如下：

（1）构建地震灾害社会脆弱性评价指标体系。根据评价目的，将评价总目标进行多层次分解。

（2）对底层社会脆弱性评价指标（即控制变量）进行原始数据初始化。归一公式中，控制变量表征的是状态变量的不同方面的特征，其原始数据取值范围和度量单位各不相同，它们之间无法进行相互比较。因此，在使用归一公式之前，采用极差标准化方法对各指标数据进行标准化处理，将控制变量的原始数据转化到 [0，1] 范围内的无量纲数值。

（3）归一运算。利用归一公式进行综合量化递归运算，从最底层开始算起，直至第一层，求出评价系统的总突变隶属度值。按归一公式可计算出同一层次各控制变量（指标）的相应中间值，对该中间值进行突变级数综合评价时，必须考虑两个原则，即"互补"与"非互补"原则。其中"互补"原则是指系统各控制变量间存在明显的关联作用时，取各控制变量相应的突变级数值的平均值作为总突变隶属函数值；"非互补"原则是指若是正向指标，取各控制变量相应的突变级数值的最小值作为突变总隶属函数值，若是负向指标，则取各控制变量相应的突变级数值的最大值作为突变总隶属函数值。

（4）重复上述步骤，分别计算出每个层次社会脆弱性评价指标的突变隶属函数值，据此得到总的突变隶属函数值，即社会脆弱性综合评价结果。

第三节　案例分析

一　四川地震灾害社会脆弱性综合评价

按照上述突变级数多准则评价方法的计算过程，通过运用归一公式逐步向上综合计算，直至计算出最高层指标的总突变隶属函数值。具体计算过程如下：以成都市为例，数据来源于表7-3。

第三层指标 A_{21}、A_{22}、A_{23} 三个子变量，构成燕尾突变，根据燕尾突变的归一公式，$X_{A_{21}} = (0.00)^{1/2} = 0$，$X_{A_{22}} = (0.00)^{1/3} = 0$，$X_{A_{23}} = (0.52)^{1/4} = 0.849$。由于 A_{21}、A_{22}、A_{23} 三个指标之间可以互相弥补不足，共同对上一层评价指标产生作用，因此根据"互补"原则，取均值有 $X_{A_2} = (X_{A_{21}} + X_{A_{22}} + X_{A_{23}})/3 = 0.283$。同理，可以计算出 $X_{A_{31}} = (0.42)^{1/2} = 0.648$，$X_{A_{32}} = (0.92)^{1/3} = 0.973$，$X_{A_{33}} = (0.28)^{1/4} = 0.727$。根据"互补"原则，取均值有 $X_{A_3} = (X_{A_{31}} + X_{A_{32}} + X_{A_{33}})/3 = 0.783$；对于指标 A_{41}、A_{42} 两个子变量，构成尖点突变，根据尖点突变的归一公式，$X_{A_{41}} = (0.08)^{1/2} = 0.283$，$X_{A_{42}} = (0.55)^{1/3} = 0.819$。根据"互补"原则，取均值有 $X_{A_4} = (X_{A_{41}} + X_{A_{42}})/2 = 0.551$；指标 B_{21}、B_{22}、B_{23} 三个子变量，构成燕尾突变，根据燕尾突变的归一公式，$X_{B_{21}} = (0.00)^{1/2} = 0$，$X_{B_{22}} = (0.22)^{1/3} = 0.604$，$X_{B_{23}} = (0.17)^{1/4} = 0.642$。根据"互补"原则，取均值有 $X_{B_2} = (X_{B_{21}} + X_{B_{22}} + X_{B_{23}})/3 = 0.415$；指标 B_{31}、B_{32}、B_{33}、B_{35} 四个子变量，构成蝴蝶突变，根据蝴蝶突变的归一公式，$X_{B_{31}} = (0.00)^{1/2} = 0$，$X_{B_{32}} = (0.00)^{1/3} = 0$，$X_{B_{33}} = (0.61)^{1/4} = 0.884$，$X_{B_{35}} = (0.00)^{1/5} = 0$。根据"互补"原则，取均值有 $X_{B_3} = (X_{B_{31}} + X_{B_{32}} + X_{B_{33}} + X_{B_{35}})/4 = 0.221$。

第二层指标 A_1、A_2、A_3、A_4 四个子变量，构成蝴蝶突变，根据蝴蝶突变的归一公式，$X_{A_1} = (1.00)^{1/2} = 1.00$，$X_{A_2} = (0.283)^{1/3} = 0.657$，$X_{A_3} = (0.784)^{1/4} = 0.941$，$X_{A_4} = (0.556)^{1/5} = 0.889$。根据"互补"原则，取均值有 $X_A = (X_{A_1} + X_{A_2} + X_{A_3} + X_{A_4})/4 = 0.872$，指标 B_1、B_2、B_3 三个子变量，构成燕尾突变，根据燕尾突变的归一公式，$X_{B_1} = (0.17)^{1/2} = 0.412$，$X_{B_2} = (0.414)^{1/3} = 0.745$，$X_{B_3} = (0.221)^{1/4} = 0.686$。根据"互补"原则，取均值有 $X_B = (X_{B_1} + X_{B_2} + X_{B_3})/3 = 0.614$，同理，对于指标 C_1、C_2、C_3，$X_{C_1} = (0.38)^{1/2} = 0.616$，$X_{C_2} = (1.00)^{1/3} = 1$，$X_{C_3} = (1.00)^{1/4} = 1$。根据"互补"原则，取均值有 $X_C = (X_{C_1} + X_{C_2} + X_{C_3})/3 = 0.872$，对于指标 D_1、D_2、D_3 三个子变量，构成燕尾突变，根据燕尾突变的归一公式，$X_{D_1} = (0.11)^{1/2} = 0.332$，$X_{D_2} = (0.89)^{1/3} = 0.962$，$X_{D_3} = (0.00)^{1/4} = 0$。根据"互补"原则，取均值有 $X_D = (X_{D_1} + X_{D_2} + X_{D_3})/3 = 0.432$。

第一层指标 A、B、C、D 四个子变量，构成蝴蝶突变，根据蝴蝶突变的归一公式，$X_1 = (0.872)^{1/2} = 0.934$，$X_2 = (0.613)^{1/3} = 0.849$，$X_3 = (0.873)^{1/4} = 0.967$，$X_4 = (0.432)^{1/5} = 0.845$。根据"互补"原则，取均值有 $X = (X_1 + X_2 + X_3 + X_4)/4 = 0.899$，$X = 0.899$ 就是成都市地震灾害社会脆弱性综合评价值。同理，可求得其他地区的地震灾害社会脆弱性综合评价值，如表 7 - 8 所示。

表 7 - 8　　　　各地区地震灾害社会脆弱性评价结果

评价值\城市	X_1	X_2	X_3	X_4	X
成都	0.934	0.849	0.967	0.845	0.899
自贡	0.926	0.953	0.907	0.989	0.944
绵阳	0.943	0.921	0.883	0.983	0.933
攀枝花	0.914	0.818	0.950	0.970	0.913
泸州	0.919	0.907	0.926	0.971	0.931
德阳	0.941	0.950	0.933	0.967	0.948

续表

城市＼评价值	X_1	X_2	X_3	X_4	X
广元	0.930	0.966	0.952	1.000	0.962
遂宁	0.943	0.966	0.935	0.906	0.938
内江	0.918	0.944	0.906	0.984	0.938
乐山	0.929	0.952	0.933	0.997	0.948
南充	0.919	0.960	0.958	0.918	0.939
广安	0.866	0.906	0.947	0.983	0.926
达州	0.904	0.954	0.861	0.918	0.909
眉山	0.941	0.965	0.863	0.981	0.938
雅安	0.939	0.952	0.735	0.905	0.883
巴中	0.906	0.949	0.898	0.983	0.934
资阳	0.903	0.960	0.930	0.977	0.943
宜宾	0.905	0.952	0.827	0.979	0.916
阿坝州	0.926	0.981	0.862	0.987	0.939
甘孜州	0.920	0.988	0.870	0.982	0.940
凉山州	0.826	0.977	0.793	0.998	0.899

二 结果分析与应对策略

根据上述评价结果，用 ArcGIS 软件绘制四川省地震灾害社会脆弱性区划图，如图 7 - 2 所示。从图中可直观分析出四川省地震灾害社会脆弱性的空间分布特征以及分布规律。

地震灾害社会脆弱性较高的地区主要分布在广元、乐山、德阳、自贡等地，其中广元市的社会脆弱性值为四川全省最高，因为广元市人口密度相对较高，全市贫困线下人口比重较高，且医疗条件不发达，卫生机构数、每万人病床数、每万人专业医生数都处于全省最低水平；社会脆弱性中等程度的地区主要集中在四川省西北和东北两地区；社会脆弱性较低的地区主要有攀枝花、成都、雅安等南

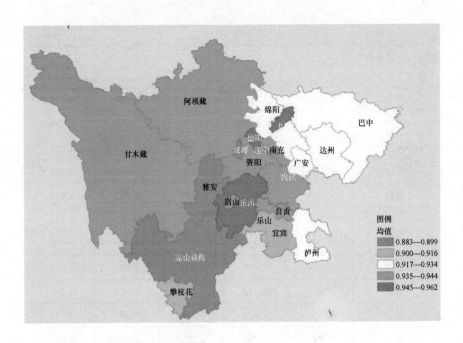

图7-2 四川省地震灾害社会脆弱性分布

部地区，其中雅安市社会脆弱性值为全省最低。因为雅安市是2008
年四川省特大地震的一个受灾重地，政府及社会在灾后重建中做出
了巨大努力。四川省统计年鉴数据显示，在医疗条件方面，每万人
病床数、每万人专业医生数均领先于全省其他地区，同时政府及时
给予灾民补助，安排就业等一系列措施的实施，极大地降低了贫困
人口比重，而且建筑物的平均层数也处于全省较低水平，这些指标
共同导致了雅安市重大地震灾害社会脆弱性处于最低水平。因此，
提高居民人均收入水平、加大基础服务设施建设，可以有效地降低
社会脆弱性。

第四节 本章小结

本章针对社会脆弱性风险评估问题，以四川省重大地震灾害为

例，基于突变级数法提出了社会脆弱性风险评价方法。首先构建了四川省地震灾害社会脆弱性评价指标体系；其次采用粗糙集属性约简方法对指标体系进行约简，并获得约简后的社会脆弱性评价指标体系；再次利用突变级数法对社会脆弱性风险进行综合评价，克服了社会脆弱性评估中指标主观赋权的局限；最后通过对四川省各个地区的社会脆弱性值进行分析，提出社会脆弱性风险应对策略。

第八章 结论与展望

第一节 结论

  本书系统地研究了重大自然灾害社会风险演化机理及应对策略。重大自然灾害发生后，不仅造成经济损失、人员伤亡和环境破坏，更多潜在的社会风险经常被忽略，如社会心理压力、社会舆情、社会秩序混乱与冲突等风险。随着经济和教育水平的不断发展，个人和集体开始逐渐关注并重视社会风险，而社会风险演化放大，公众个体的风险认知和灾后心理压力增加，以及舆情信息的传播，都将给社会秩序与稳定带来冲击。所以本书在利用社会风险相关理论的基础上，重点对社会心理风险、社会舆情风险和社会稳定风险的演化机理等深入进行多维度的探究，以此为基础提出了一套适应于中国国情的重大自然灾害社会风险的应对策略，部分内容发表了一系列较高水平的学术论文。

  首先，针对重大自然灾害社会心理风险，需减少社会心理风险源，丰富社会风险应对资源和保护性因素，并重点对灾后人口密集度较大的区域进行心理干预，尤其是女性、已婚、文化程度较低者，防范个体事件演化升级为群体性事件，同时需加强灾害逃避演习，提高公众应急避险能力，政府等权威管理机构应提高公信力，及时对灾民实施物质和精神支持，同时及时发布灾情信息，降低灾后损失认知水平。

  其次，针对重大自然灾害社会舆情风险，政府应在灾害社会风险信息扩散的第一、第二阶段加大官方渠道信息的覆盖范围，并在第一阶段和第二阶段的中间约一天的时间内加强关注，预防社会风险的放大。此外，政府还需实现与公众、媒体之间高效的信息沟通，使消息传播真实有效。

再次，针对重大自然灾害社会稳定风险，在整个自然灾害社会稳定风险结构中，人员伤亡、经济损失、物资缺乏、交通受阻中断、社会大众恐慌、流言及群体行为、灾害本身在整个重大自然灾害社会稳定风险结构中所处位置是最为重要的。所以为了防范社会稳定风险，应及时切断这些因素在灾害演化链中的位置，对社会风险指标进行重点监测和跟踪，并及时反馈信息做出应对处理。

最后，针对重大自然灾害社会脆弱性风险，提出了社会脆弱性评价指标体系和基于改进突变级数法的社会脆弱性风险评价方法，合理评价灾后社会的承灾能力及灾情分布状况，分析自然灾害社会脆弱性水平的区域分布，以便有针对性地采取应对策略，如针对脆弱性较低的地区，需加强居民的基础服务设施建设，提高居民收入水平等。

第二节　展望

本书虽然对重大自然灾害社会风险演化机理和应对策略进行了较为深入详细的研究，但仍存在一些不足之处，未来可以从以下几个方面进一步研究。

在研究内容上，社会环境（包括生态环境、水环境、农业生产环境等遭到破坏）风险是社会风险的有机部分，本书研究成果主要限于社会心理风险、社会舆情风险、社会稳定风险、社会脆弱性风险，事实上社会环境风险也是社会稳定风险的诱因之一，因此对社会环境风险研究可以补充社会稳定风险的研究成果。重大自然灾害对社会造成的风险涉及的因素非常复杂，其变化是动态的，范围也比较广泛，具有明显的大数据特征，这些数据的获取需要新的途径和方法，社会风险的演化依赖于这些大数据的分析，因此需要深入研究这种大数据的特征和结构，深入探索基于这种大数据分析的重大自然灾害社会风险演化及其模拟方法，以获得深层次的结果。

在研究手段上，一是进一步丰富研究样本和解释变量；二是未来需要考虑重大自然灾害类型的差异性和灾害演化的细分阶段，这样更能符合现实情况；三是完善社会风险演化的过程路径和研究模型的解释性；四是在重大自然灾害社会稳定风险评价过程中，应着眼该社会稳定风险在整个社会风险结构中的位置及后续引起的损害。

参考文献

一　中文著作

时堪:《灾难心理学》,科学出版社 2010 年版。

王沛:《实验社会心理学理论方法与实践》,甘肃教育出版社 2002
　　年版。

吴晨、杨旸、李志艳:《灾后社会影响及其衡量方法文献综述》,科
　　学出版社 2012 年版。

吴开松、李华胤、徐晓晨:《群体性事件社会心理影响因素研究》,
　　华中科技大学出版社 2014 年版。

赵国秋:《心理压力与应对策略》,浙江大学出版社 2006 年版。

祝燕德、胡爱军、何逸等:《重大气象灾害风险防范——2008 年湖
　　南冰灾启示》,中国财政经济出版社 2008 年版。

二　译著

[美] 保罗·贝尔、托马斯·格林等:《环境心理学》,朱建军、吴
　　建平等译,中国人民大学出版社 2009 年版。

三　中文期刊

陈力丹:《以自律解决微博传谣问题》,《青年记者》2011 年第
　　19 期。

陈晓红、杨立:《基于突变级数法的障碍诊断模型及其在中小企业
　　中的应用》,《系统工程理论与实践》2013 年第 33 期。

陈媛:《浅析使民主运转起来》,《法制与经济:中旬刊》2011 年第
　　8 期。

陈长坤、纪道溪:《基于复杂网络的台风灾害演化系统风险分析与
　　控制研究》,《灾害学》2012 年第 1 期。

陈长坤、孙云凤、李智:《冰雪灾害危机事件演化及衍生链特征分析》,《灾害学》2009 年第 24 期。

陈之强、次仁欧珠:《青藏铁路格拉段常见灾害的扩散演化机理及应对策略研究》,《西藏大学学报》(自然科学版) 2011 年第 26 期。

程强:《汶川强震区公路沿线地震崩滑灾害发育规律研究》,《岩石力学与工程学报》2011 年第 30 期。

程鑫、吴雯雯、王远、戚浩、夏仕安、张炳、王琐琛:《BASS 模型在地震信息传播中的应用》,《华北地震科学》2012 年第 4 期。

董惠娟、李小军、杜满庆等:《地震灾害心理伤害的相关问题研究》,《自然灾害学报》2006 年第 16 期。

谷洪波、顾剑:《我国重大洪涝灾害的特征,分布及形成机理研究》,《山西农业大学学报》(社会科学版) 2012 年第 11 期。

郭雯:《解读微博在谣言传播中的两面性——以新浪微博"碘盐事件"为例》,《新闻世界》2011 年第 6 期。

韩传峰、何臻、马良河:《基于故障树分析的建设工程风险识别系统》,《自然灾害学报》2006 年第 15 期。

胡爱军、李宁、李春华、黄树青:《从系统动力学的视角看风险的本质与分类》,《自然灾害学报》2008 年第 17 期。

胡联合、胡鞍钢、王磊:《影响社会稳定的社会矛盾变化态势的实证分析》,《社会科学战线》2006 年第 4 期。

金菊良、魏一鸣、付强、丁晶:《改进的层次分析法及其在自然灾害风险识别中的应用》,《自然灾害学报》2002 年第 11 期。

匡文波、郭育丰:《微博时代下谣言的传播与消解——以"7·23"甬温线高铁事故为例》,《国际新闻界》2012 年第 14 期。

李宁、胡爱军、崔维佳、吴吉东、孟志强、温玉婷:《风险管理标准化述评》,《灾害学》2009 年第 24 期。

李宁、李春华、张鹏、石岳、吴吉东:《综合风险分类体系建立的基本思路和框架》,《自然灾害学报》2008 年第 17 期。

李润求、施式亮、念其锋:《近 10 年我国煤矿瓦斯灾害事故规律研究》，《中国安全科学学报》2011 年第 21 期。

梁涛：《从"抢盐危机"看微博与谣言传播》，《今传媒》2011 年第 7 期。

廖天凡、林苇晴：《以"抢盐潮"为例分析微博在谣言传播中的利弊与发展趋势》，《科技传播》2011 年第 10 期。

廖永丰、聂承静、杨林生：《洪涝灾害风险监测预警评估综述》，《地理科学进展》2012 年第 31 期。

刘冰、薛澜：《管理极端气候事件和灾害风险特别报告对我国的启示》，《中国行政管理》2012 年第 3 期。

刘德林、梁恒谦：《区域自然灾害的社会脆弱性评估——以河南省为例》，《水土保持通报》2014 年第 34 期。

刘晋：《"社会风险——公共危机"演化逻辑下的应急管理研究》，《社会主义研究》2013 年第 6 期。

刘晓岚、刘颖、迟晓明：《我国灾害信息传播的研究现状与展望》，《防灾科技学院学报》2010 年第 1 期。

马国斌、李京、蒋卫国、张静、马兰艳：《基于气象预测数据的中国洪涝灾害危险性评估与预警研究》，《灾害学》2011 年第 26 期。

毛熙彦、蒙吉军、康玉芳：《信息扩散模型在自然灾害综合风险评估中的应用与扩展》，《北京大学学报》（自然科学版）2012 年第 3 期。

孟凡、郝会霞、崔均亮：《基于风险管理理念的电网企业外部风险识别》，《城市建设理论研究》（电子版）2012 年第 16 期。

莫建飞、陆甲、李艳兰、陈燕丽：《基于 GIS 的广西洪涝灾害孕灾环境敏感性评估》，《灾害学》2010 年第 25 期。

倪长健：《论自然灾害风险评估的途径》，《灾害学》2013 年第 28 期。

宁钟、王雅青：《基于情景分析的供应链风险识别》，《工业工程与管理》2007 年第 2 期。

浦蓁烨：《论布迪厄的"文化资本论"》，《中山大学研究生学刊》

（社会科学版）2013 年第 4 期。

盛明科、郭群英：《公共突发事件联动应急的部门利益梗阻及治理研究》，《中国行政管理》2014 年第 3 期。

孙燕：《网络谣言的传播学分析——以"日本地震"和"温州动车事故"为例》，《新闻界》2012 年第 2 期。

田立中、申洪源、潘正松：《山东沂沭河流域近 600 年洪涝灾害研究》，《鲁东大学学报》（自然科学版）2012 年第 28 期。

田伟平、马保成、刘春焕、李朋丽：《沿河公路水毁灾害的风险识别》，《交通企业管理》2009 年第 24 期。

田玉刚、覃东华、杜渊会：《洞庭湖地区洪水灾害风险评估》，《灾害学》2011 年第 26 期。

汪大海、张玉磊：《重大事项社会稳定风险评估制度的运行框架与政策建议》，《中国行政管理》2012 年第 12 期。

汪志红、王斌会：《投影寻踪技术在突发事件风险分类评级中的应用——以广东省雷电灾害风险评价为例》，《灾害学》2011 年第 26 期。

王丽、周洪友：《降低堰塞湖灾害风险的措施》，《水土保持应用技术》2010 年第 6 期。

王绍玉、金书淼：《将灾害风险威胁转化为可持续发展的机遇——2010 年达沃斯国际灾害风险大会》，《城市与减灾》2010 年第 4 期。

王伟勤：《社会风险类型及其治理方式分析》，《云南行政学院学报》2013 年第 15 期。

王羽、肖盛燮、冯五一：《滑坡灾害链式演化阶段及规律研究》，《四川建筑科学研究》2010 年第 36 期。

魏玖长、赵定涛：《危机信息的传播模式与影响因素研究》，《情报科学》2007 年第 24 期。

向莹君、熊国玉、董毅强等：《汶川地震灾区 1960 名中学生创伤后应激障碍症状调查》，《中国心理卫生杂志》2010 年第 1 期。

徐波、关贤军、尤建新：《城市灾害风险识别》，《2007 年管理发展与工业工程论坛——城市的发展与管理》2007 年第 4 期。

徐新创、刘成武：《明清时期江汉平原洪涝灾害特征及其成因分析》，《咸宁学院学报》2011 年第 31 期。

徐选华、曹静：《大型水电工程复杂生态环境风险评价》，《系统工程理论与实践》2012 年第 32 期。

许士国、王雪妮、刘建卫：《非防洪功能泡沼蓄洪风险识别与评估》，《水电能源科学》2010 年第 28 期。

薛国林：《微博时代：谣言"传染"路线图》，《人民论坛》2011 年第 7 期。

姚亮：《现阶段中国社会风险的形成机理探析》，《学习与实践》2011 年第 8 期。

易承志：《社会组织在应对大都市突发事件中的作用及其实现机制》，《中国行政管理》2014 年第 2 期。

余承君、刘希林：《自然灾害风险管理中社会因素的探讨》，《灾害学》2010 年第 25 期。

余慧、黄荣贵、桂勇：《社会资本对城市居民心理健康的影响：一项多层线性模型分析》，《世界经济文汇》2008 年第 6 期。

余文金、闫永刚、吕海燕、李芬：《基于 GIS 的太湖流域暴雨洪涝灾害风险定量化研究》，《灾害学》2011 年第 26 期。

俞晓静、李洋、傅华：《社会资本与心理健康》，《医学与社会》2007 年第 5 期。

张乐、童星：《风险沟通：风险治理的关键环节——日本核危机一周年祭》，《探索与争鸣》2012 年第 4 期。

张莉：《网络群体性事件中的政府责任》，《理论导刊》2010 年第 12 期。

张鹏、李宁、吴吉东、石岳、史培军：《基于风险认知过程的综合风险分类方法研究》，《安全与环境学报》2010 年第 10 期。

张小燕：《"谣盐"的背后：微博力与传统媒体公信力的博弈》，《传媒》2011 年第 8 期。

张一文、齐佳音等：《非常规突发事件网络舆情热度评价指标体系构建》,《情报杂志》2010 年第 11 期。

张永领、游温娇:《基于 TOPSIS 的城市自然灾害社会脆弱性评价研究——以上海市为例》,《灾害学》2014 年第 19 期。

张友棠、黄阳:《基于行业环境风险识别的企业财务预警控制系统研究》,《会计研究》2011 年第 3 期。

张月鸿、武建军、吴绍洪、刘登伟:《现代综合风险治理与后常规科学》,《安全与环境学报》2008 年第 8 期。

章志红、何琴、朱小康等:《洪水灾害后人群心理应激反应研究》,《社区医学杂志》2012 年第 10 期。

赵丞智、李俊福、王明山等:《地震后 17 个月受灾青少年 PTSD 及其相关因素》,《中国心理卫生杂志》2001 年第 15 期。

赵思健:《自然灾害风险分析的时空尺度初探》,《灾害学》2012 年第 27 期。

赵延东、邓大胜、李睿婕:《汶川地震灾区的社会资本状况分析》,《中国软科学》2010 年第 8 期。

赵延东:《社会网络在灾害治理中的作用——基于汶川地震灾区调查的研究》,《中国软科学》2011 年第 8 期。

赵延东:《社会资本与灾后恢复》,《社会学研究》2007 年第 5 期。

朱德米、平辉艳:《环境风险转变社会风险的演化机制及其应对》,《南京社会科学》2013 年第 7 期。

朱华桂:《突发灾害情境下灾民恐慌行为及影响因素分析》,《学海》2012 年第 5 期。

朱伟、陈长坤、纪道溪、孙云凤:《我国北方城市暴雨灾害演化过程及风险分析》,《灾害学》2011 年第 26 期。

邹积亮:《基于社会资本构建灾害防救多元参与机制》,《国家行政学院学报》2012 年第 4 期。

四 学位论文

马林:《基于 SCOR 模型的供应链风险识别,评估与一体化管理研究》,硕士学位论文,浙江大学,2005 年。

谭利:《复杂网络模型及应用研究》,博士学位论文,中南大学,

2010 年。

杨敬辉:《BASS 模型及其两种扩展型的应用研究》, 硕士学位论文,
　　大连理工大学, 2005 年。

张筱瑛:《我国灾害信息传播的机制及策略研究》, 硕士学位论文,
　　成都理工大学, 2011 年。

张岩:《非常规突发事件态势演化和调控机制研究》, 硕士学位论
　　文, 中国科学技术大学, 2011 年。

五　英文著作

Byron Mason. *Community Disaster Resilience*, Washington, D. C: Work-
　　shop of the Disasters Roundtable, 2006, p. 253.

Chennat Gopalakrishnan. *Keynote Presentation*, *Integrated Disaster Risk
　　Management: A Survey and Synthesis of Key Concepts*, *Tools*, *Tech-
　　niques and Case Studies*, Disaster Risk Management – Risk and Chal-
　　lenges for Business and Industry, 2010, p. 147.

Fell R. S. , Lacasse S. , et al. *A Framework for Landslide Risk Assessment
　　and Management*, London: Taylor and Francis, 2005, p. 26.

Hans Selye. *The Stress of Life*, New York: McGraw—Hill, 1956, pp. 56 –
　　65.

Putnam R. D. , Leonardi R, Nanetti R. Y. *Making Democracy Work:
　　Civic Traditions in Modern Italy*, Princeton University Press,
　　1994, p. 88.

Turner R. H. *Organized Behavior in Disaster*, American Sociological As-
　　sociation, 1975, p. 655.

六　英文期刊

Akihiro Nishio, M. D. , Kouhei Akazawa, et al. "Influence on the Sui-
　　cide Rate Two Years after a Devastating Disaster: A Report from the
　　1995 Great Hanshin – Awaji Earthquake", *Psychiatry and Clinical
　　Neurosciences*, Vol. 63, No. 247, June 2009.

Bakir V. "Media and Risk: Old and New Research Directions", *Journal
　　of Risk Research*, Vol. 13, No. 1, February 2010.

Barrat A. , Barthelemy M. , Pastor – Satorras R. , et al. "A New Product Growth for Mode Consumer Durables", *Management Science*, Vol. 15, No. 1, August 1969.

Berry H. L. , Welsh J. A. "Social Capital and Health in Australia: An Overview from the Household, Income and Labour Dynamics in Australia Survey", *Social Science & Medicine*, Vol. 70, No. 4, January 2010.

Bichard E. , Kazmierczak A. "Are Homeowners Willing to Adapt to and Mitigate the Effects of Climate Change?" *Climate Change*, Vol. 112, No. 2, April 2012.

Binder A. R. , Scheufele D. A. , Brossard D. , et al. "Interpersonal Amplification of Risk? Citizen Discussions and Their Impact on Perceptions of Risks and Benefits of a Biological Research Facility", *Risk Analysis*, Vol. 31, No. 2, March 2011.

Boerner K. , Reinhardt J. P. , Raykov T. , et al. "Stability and Change in Social Negativity in Later Life: Reducing Received While Maintaining Initiated Negativity", *The Journals of Gerontology Series B: Psychological Sciences and Social Sciences*, Vol. 59, No. 4, July 2004.

Bonanno G. A. "Loss, Trauma, and Human Resilience: Have We Underestimated the Human Capacity to Thrive after Extremely Aversive Events?" *American Psychologists*, Vol. 59, No. 1, March 2004.

Brenkert – Smith H. , Dickinson K. L. , Champ P. A. , et al. "Social Amplification of Wildfire Risk: The Role of Social Interactions and Information Sources", *Risk Analysis*, Vol. 33, No. 5, June 2013.

Brewin C. R. , Andrews B. , Valentine J. D. "Meta – analysis of Risk Factors for Posttraumatic Stress Disorder in Trauma – exposed Adults", *Journal of Consulting and Clinical Psychology*, Vol. 68, No. 5, March 2000.

Bromet E. J. , Gluzman S. , Schwartz J. E. , et al. "Somatic Symptoms in Women 11 Years after the Chornobyl Accident: Prevalence and

Risk Factors", *Environmental Health Perspectives*, Vol. 110, No. 4, May 2002.

Bryant R. A. , Salmon K. , Sinclair E. , et al. "A prospective Study of Appraisals in Childhood Posttraumatic Stress Disorder", *Behaviour Research and Therapy*, Vol. 45, No. 10, March 2007.

Chen W. , Cutter S. L. , Emrich C. T. , et al. "Measuring Social Vulnerability to Natural Hazards in the Yangtze River Delta Region, Chin", *International Journal of Disaster Risk Science*, Vol. 4, No. 4, June 2013.

Cullen F. T. "Social Support as an Organizing Concept for Criminology: Presidential Address to the Academy of Criminal Justice Sciences", *Justice Quarterly*, Vol. 11, No. 1, May 1994.

Cutter S. L. , Boruff B. J. , Shirley W. L. "Social Vulnerability to Environmental Hazards", *Social Science Quarterly*, Vol. 84, No. 2, February 2003.

Cutter S. L. , Finch C. "Temporal and Spatial Changes in Social Vulnerability to Natural Hazards", *PANS*, Vol. 105, No. 7, July 2008.

Cutter S. L. "Vulnerability to Environmental Hazards", *Progress in Human Geography*, Vol. 20, No. 4, August 1996.

David A. McEntire. "Triggering Agents, Vulnerabilities and Disaster Reduction: Towards a Holistic Paradigm", *Disaster Prevention and Management*, Vol. 10, No. 3, June 2001.

David L. Sturges, Bob J. Carrell. "Crisis Communication Management, The Public Opinion Node and Its Relationship to Environmental Nimbus", *Sam Advanced Management Journal*, Vol. 77, No. 1, July 2001.

Dell' Osso L. , Carmassi C. , Massimetti G. , et al. "Age, Gender and Epicenter Proximity Effects on Post – traumatic Stress Symptoms in L' Aquila 2009 Earthquake Survivors", *Journal of Affective Disorders*, Vol. 146, No. 2, February 2013.

Doherty T. J. , Clayton S. "The Psychological Impacts of Global Climate Change", *American Psychologist*, Vol. 66, No. 4, July 2011.

Dombrowsky W. R. "Again and Again: Is a Disaster What We Call, 'Disaster'? Some Conceptual Notes on Conceptualizing the Object of Disaster Sociology", *International Journal of Mass Emergencies and Disasters*, Vol. 13, No. 5, February 2003.

Dynes, R. "Community Social Capital as the Primary Basis for Resilience", *Disaster Research Center*, Vol. 14, No. 3, April 2005.

Ehlers A. , Clark D. M. "A Cognitive Model of Posttraumatic Stress Disorder", *Behaviour Research and Therapy*, Vol. 38, No. 4, February 2000.

Freeman L. C. , Borgatti S. P. "White D R. Centrality in Valued Graphs: A Measure of Betweenness Based on Network Flow", *Social Networks*, Vol. 13, No. 2, June 1991.

Fujiwara T. , Kawachi I. "Social Capital and Health", *American Journal of Preventive Medicine*, Vol. 35, No. 2, August 2008.

German D. , Latkin C. A. "Social Stability and Health: Exploring Multidimensional Social Disadvantage", *Journal of Urban Health*, Vol. 89, No. 1, February 2012.

Giordano G. N. , Lindström M. "Social Capital and Change in Psychological Health over Time", *Social Science & Medicine*, Vol. 72, No. 8, September 2011.

Goldmann E. , Galea S. "Mental Health Consequences of Disasters", *Annual Review of Public Health*, Vol. 35, No. 5, November 2014.

Henderson L. J. "Emergency and Disaster: Pervasive Risk and Public Bureaucracy in Developing Nations", *Public Organization Review*, Vol. 4, No. 2, August 2004.

Hu H. B. , Zhang Y. L. "Quick Assessing Model on Casualty Loss in Rainstorms", *Journal of Catastrophology*, Vol. 29, No. 1, February 2014.

Huangyan Zhou, Xungang Zheng "The Construction of Orange Drought

Warming Mode", *Asia Agricultural Research*, Vol. 4, No. 2, May 2004.

Joanne Linnerooth – Bayer. "Session Keynote Presentation, Micro insurance as Safety Net for the Poor"? *Disaster Risk Management – Risk and Challenges for Business and Industry*, Vol. 8, No. 1, July 2006.

John R. P. French, Robert L. "Kahn A Programmatic Approach to Studying the Industrial Environment and Mental Health", *Journal of Social Issues*, Vol. 18, No. 3, November 1992.

Kar N. "Psychological Impact of Disasters on Children: Review of Assessment and Interventions", *World Journal of Pediatrics*, Vol. 5, No. 1, April 2009.

Kasperson R. E., Renn O., Slovic P., et al. "The Social Amplification of Risk: A Conceptual Framework", *Risk Analysis*, Vol. 8, No. 2, March 1988.

King E., Mutter J. C. "Violent Conflicts and Natural Disasters: the Growing Case for Cross – disciplinary Dialogue", *Third World Quarterly*, Vol. 35, No. 7, July 2014.

Koks E. E., de Moel H., Aerts J. C. J. H., et al. "Effect of Spatial Adaptation Measures on Flood Risk: Study of Coastal Floods in Belgium", *Regional Environmental Change*, Vol. 14, No. 1, September 2014.

Koks E. E., Jongman B., Husby T. G., et al. "Combining Hazard, Exposure and Social Vulnerability to Provide Lessons for Flood Risk Management", *Environmental Science & Policy*, Vol. 47, No. 6, February 2015.

Kõlves K., Kõlves K. E., De Leo D. "Natural Disasters and Suicidal Behaviours: A Systematic Literature Review", *Journal of Affective Disorders*, Vol. 146, No. 1, October 2013.

Krishna S. Vatsa. "Risk Vulnerability and Asset – based Approach to Disaster Risk Management", *International Journal of Sociology and*

Social Policy, Vol. 24, No. 5, November 2004.

Küçükoğlu S., Yildirim N., Dursun O. B. "Posttraumatic Stress Symptoms Seen in Children Within the 3 – month Period after the Van Earthquake in Turkey", *International Journal of Nursing Practice*, Vol. 175, No. 1, June 2014.

Lazarus N. W. "Re – specifying Disaster Risk: Concepts, Methods, and Models", *Geo Journal*, Vol. 245, No. 1, January 2014.

Lenneal J. "Henderson. Emergency and Disaster: Pervasive Risk and Public Bureaucracy in Developing Nations", *Public Organization Review: A Global Journal*, Vol. 86, No. 2, August 2004.

Li M. H., Fan Y., Wang D. H., et al. "Modelling Weighted Networks Using Connection Count", *New Journal*, Vol. 72, No. 8, March 2006.

Martins V. N., E. Silva D. S., Cabral P. "Social Vulnerability Assessment to Seismic Risk Using Multicriteria Analysis: the Case Study of Vila Franca Do Campo (São Miguel Island, Azores, Portugal)", *Natural Hazards*, Vol. 62, No. 2, January 2012.

Mcbean G. A. "Integrating Disaster Risk Reduction Towards Sustainable Development", *Current Opinion in Environmental Sustainability*, Vol. 4, No. 1, November 2012.

Newman M. E. J. "A Measure of Betweenness Centrality Based on Random Walks", *Social Networks*, Vol. 27, No. 1, May 2005.

Newman M. E. J. "Assortative Mixing in Networks", *Physical Review Letters*, Vol. 89, No. 20, March 2002.

Norris F. H., Friedman M. J., Watson P. J., et al. "60000 Disaster Victims Speak: Part I. An Empirical Review of the Empirical Literature, 1981 – 2001", *Psychiatry*, Vol. 65, No. 3, August 2002.

Ouyang M., Yu M. H., Huang X. Z., et al. "Emergency Response to Disaster – struck Scale – free Network with Redundant Systems", *Physica A: Statistical Mechanics and its Applications*, Vol. 387,

No. 18, July 2008.

Peng S. J., Xu J., Yang H. W., et al. "Experimental Study on the Influence Mechanism of Gas Seepage on Coal and Gas Outburst Disaster", *Safety Science*, Vol. 50, No. 4, September 2012.

Porfiriev B. "Economic Issues of Disaster and Disaster Risk Reduction Policies: International vs. Russian Perspectives", *International Journal of Disaster Risk Reduction*, Vol. 37, No. 8, April 2012.

Poumadere M., Mays C., Mer S. L. "The 2003 Heat Wave in France: Dangerous Climate Change Here and Now", *Risk Analysis*, Vol. 25, No. 6, February 2005.

Rebholz C., Drainoni M., Cabral, H. "Substance Use and Social Stability Among at - risk HIV - infected Persons", *Journal of Drug Issues*, Vol. 39, No. 4, August 2009.

Richardson G. E. "The Metatheory of Resilience and Resiliency", *Journal of Clinical Psychology*, Vol. 58, No. 3, July 2002.

Rui Z., Chun - Qing G., Qiu - Ju F., et al. "Study on the Drought and Flood Disasters Formation Mechanism in Karst Regions of Middle Guangxi", *Procedia Engineering*, Vol. 28, No. 1, February 2012.

Scheffran J., Brzoska M., Kominek J., et al. "Climate Change and Violent Conflict", *Science (Washington)*, Vol. 336, No. 3, August 2012.

Scott B. G., Lapre G. E., Marsee M. A., et al. "Aggressive Behavior and Its Associations with Posttraumatic Stress and Academic Achievement Following a Natural Disaster", *Clin Child Adolesc Psychol*, Vol. 43, No. 1, April 2014.

Siegrist M., Cvetkovich G. "Perception of Hazards: The Role of Social Trust and Knowledge", *Risk Analysis*, Vol. 20, No. 5, September 2000.

Skogdalen J. E., Uthe I. B., Vinnem J. E. "Developing Safety Indicators for Preventing Offshore Oil and Gas Deepwater Drilling Blowouts", *Safety Science*, Vol. 49, No. 8, February 2011.

Solecki W. , Leichenko R. , O. Brien K. "Climate Change Adaptation Strategies and Disaster Risk Reduction in Cities: Connections, Contentions, and Synergies", *Current Opinion in Environmental Sustainability*, Vol. 3, No. 3, July 2011.

Stephen Jay Gould, Niles Eldredge. "Introduction to Quantitative Paleocology", *Earth – Science Reviews*, Vol. 8, No. 1, August 1972.

Stevan E. Hobfoll. "Conservation of Resources: A New Attempt at Conceptualizing Stress", *American Psychologist*, Vol. 44, No. 3, February 1989.

Suzuki E. , Takao S. , Subramanian S. V. , et al. "Does Low Workplace Social Capital have Detrimental Effect on Workers' Health", *Social Science & Medicine*, Vol. 70, No. 9, January 2010.

Tamura Y. , Cao S. "International Group for Wind – Related Disaster Risk Reduction (IG – WRDRR)", *Journal of Wind Engineering and Industrial Aerodynamics*, Vol. 104, No. 1, March 2012.

Tang C. S. "Trajectory of Traumatic Stress Symptoms in the Aftermath of Extreme Natural Disaster: A Study of Adult Thai Survivors of the 2004 Southeast Asian Earthquake and Tsunami", *The Journal of Nervous and Mental Disease*, Vol. 195, No. 1, January 2007.

Trudy Harpham E. G. "Research Report Measuring Social Capital Within Health Surveys: Key Issues", *Health Policy And Planning*, Vol. 17, No. 1, July 2002.

Tuason M. T. G. , Güss C. D. , Carroll L. "The Disaster Continues: A Qualitative Study on the Experiences of Displaced Hurricane Katrina Survivors ", *Professional Psychology: Research and Practice*, Vol. 43, No. 4, November 2012.

Van Den Berg B. , Grievink L. , Yzermans J. , et al. "Medically Unexplained Physical Symptoms in the Aftermath of Disasters", *Epidemiologic Reviews*, Vol. 27, No. 1, March 2005.

Van Griensven F. , Chakkraband M. L. S. , Thienkrua W. , et al. "Mental Health Problems Among Adults in Tsunami – affected Areas in Southern Thailand", *Jama*, Vol. 296, No. 5, February 2006.

Wachinger G. , Renn O. , Begg C. , et al. "The Risk Perception Paradox—Implications for Governance and Communication of Natural Hazards", *Risk Analysis*, Vol. 33, No. 6, October 2013.

Walter Cannon. "The Wisdom of the Body", *The American Journal of the Medical Sciences*, Vol. 184, No. 6, July 1932.

Warsini S. , West C. , Ed T. T. G. D. , et al. "The Psychosocial Impact of Natural Disasters among Adult Survivors: An Integrative Review", *Issues in Mental Health Nursing*, Vol. 35, No. 6, March 2014.

Weathers F. W. , Litz B. T. , Herman D. S. , et al. "The PTSD Checklist (PCL): Reliability, Validity, and Diagnostic Utility", *International Society for Traumatic Stress Studies*, Vol. 28, No. 2, September 1993.

Werner E. E. "Children of the Garden Island", *Scientific American*, Vol. 260, No. 4, February 1989.

Xiangwu Kang, Shaohong Wu, Erfu Dai. "Pre – assessment on the Loss and Impact Caused by Large – scale Flood Disasters", *Chinese Science Bulletin*, Vol. 51, No. 1, July 2006.

Yip W. , Subramanian S. V. , Mitchell A. D. , et al. "Does Social Capital Enhance Health and Well – being? Evidence from Rural China", *Social Science & Medicine*, Vol. 64, No. 1, October 2007.

Zebardast E. "Constructing a Social Vulnerability Index to Earthquake Hazards Using a Hybrid Factor Analysis and Analytic Network Process (F'ANP) Model", *Natural Hazards*, Vol. 65, No. 3, October 2013.

Zeng J. , Zhu Z. Y. , Zhang J. L. , et al. "Social Vulnerability Assessment of Natural Hazards on County – scale Using High Spatial Resolution Satellite Imagery: a Case Study in the Luogang District of Guangzhou, South China", *Environmental Earth Sciences*, Vol. 65, No. 1,

April 2012.

Zhang D. , Yan D. H. , Wang Y. C. , et al. "Research Progress on Risk Assessment and Integrated Strategies for Urban Pluvial Flooding", *Journal of Catastrophology*, Vol. 29, No. 1, June 2014.

Zhang, Z. , Shi, Z. , Wang, L. , Liu, M. "One Year Later: Mental Health Problems among Survivors in Hard – it Areas of the Wenchuan Earthquake", *Public Health*, Vol. 125, No. 2, October 2011.

后　记

自然灾害一直威胁着人类的生存与发展，地震、海啸、冰雪、洪涝、滑坡泥石流等重大自然灾害除了给自然界造成伤害以外，对人类赖以生存的社会也造成不同程度的影响和威胁，给社会稳定带来极高的显性风险和隐性风险，分析与研究这些社会风险及其演化机理，提出应对策略，对于维护社会稳定、促进社会良性发展具有重要的理论意义和实用价值。

本书研究团队在中南大学商学院徐选华教授的带领下，在国家社会科学基金重点项目"区域重特大自然灾害社会风险演化机理（12AZD109）"资助下，先后深入湖南省怀化地区及其下属县乡村洪涝灾区、四川省雅安市灾区地震和洪涝灾区、云南省昭通市鲁甸县地震灾区等进行实地调研，与受灾民众、救援人员、医疗救护人员、心理疏导人员等进行广泛接触和咨询调研，收集了大量的社会心理资料、社会舆情资料和社会稳定资料等，对资料数据进行了系统的分析，重点针对社会心理风险、社会舆情风险与社会稳定风险的演化机理进行了分析、模拟和研究，在此基础上提出了应对策略，形成了研究报告，其中部分重要成果发表了系列论文，对于社会风险管理具有参考价值。

诚然，社会风险研究是一个较新的领域，从重大自然灾害视角研究社会风险是一个新的尝试，由于著者学识水平和时间限制，尚有很多不足和问题，本书抛砖引玉，真诚希望感兴趣的同行专家和学者不吝批评指正。从其他视角研究社会风险及其演化问题相信也是一个非常有意义的主题，本人意愿与你们共同努力将社会风险研究领域延续下去。

最后，我要衷心感谢支持和帮助我的领导，感谢专家的指点和同行的帮助与鼓励。

徐选华

2016 年 3 月